György Dalos

Ungarn in der Nußschale

Geschichte meines Landes

Verlag C. H. Beck

© Verlag C. H. Beck oHG, München 2004
Satz: Fotosatz Reinhard Amann, Aichstetten
Druck und Bindung: Ebner & Spiegel, Ulm
Printed in Germany
ISBN 3 406 51032 9

www.beck.de

Für Elsbeth Zylla in Berlin

Was in diesem Land einmal war, kann niemals
gänzlich vergehen. Hier gibt es alles von alters
her, und was es gibt, ist schlecht. Gewohnheit
wird Unterwürfigkeit, die Revolution
Traumtänzerei, ein Freudenfest Zechgelage
genannt. Es schneit, wenn es besser nicht
schneien sollte. Oft verwirrt sich der Wind
wer weiß, wohin, und wenn er endlich wieder
auftaucht, reicht sein Schuldbewußtsein nur dazu,
uns den Staub der Geschichte in die Augen zu
blasen. Kein Wetter kann hierzulande so viel
Schaden anrichten, daß nicht doch wieder ein
guter Tag darauf folgen würde.

László Darvasi: *Die Legende von den Tränengauklern.*
Roman. Frankfurt/M. 2001.

Inhalt

II. Fremdherrschaften

III. Zwischen Frieden und Kriegen

IV. Ungarn in der Nachkriegszeit

Einleitung

Obwohl ich über ein Diplom als Historiker verfüge, bin ich kein Wissenschaftler, sondern Schriftsteller. Dennoch pflege ich, ähnlich wie viele meiner Landsleute eine besondere Beziehung zur Geschichte, vor allem derjenigen Ungarns. Historie war für meine Generation niemals ein veralteter Lehrstoff; vielmehr trugen wir sie als Update-Programm auf unserer geistigen und seelischen «Festplatte», spürten ihre Auswirkungen an der eigenen verwickelten Laufbahn. Man könnte sagen, wir lebten und leben in Interaktion mit der Vergangenheit.

Für mich als einen aus der schreibenden Zunft ist die Geschichte zudem ein unerschöpfliches Märchen, das nie langweilig wird und in dem sich die Zuhörer wiedererkennen. Mit diesem Buch will ich die gut tausend Jahre meines Landes als eine kollektive Biographie erzählen. Ungarns Werdegang vom Ende des 9. bis zum Beginn des 21. Jahrhunderts ist eine der spannendsten Episoden der europäischen Sage: ein unaufhörliches Ringen um die Selbstbehauptung zwischen Ost und West, Heidentum und Christentum, Verzweiflung und Hoffnung, Provinzialität und Weltoffenheit, Tradition und Moderne – ein für die ungarische Kultur höchst produktiver innerer Zwist.

Die Ungarn verspürten schon immer – womöglich aufgrund ihrer sprachlichen Isolation – ein ständiges, erhöhtes Bedürfnis, sich der übrigen Welt mitzuteilen. Kein Wunder, daß das Verb «erklären», «klarmachen» in unserer Sprache «magyarázni» heißt, was laut wortgetreuer Übersetzung «ungarisch machen» bedeutet. Seit ungefähr fünfundzwanzig Jahren, seit ich im deutschen kulturellen Raum präsent bin, bewegt mich der hartnäckige Wunsch, die Welt, die mich entscheidend geprägt hat, jener anderen, in der ich heute lebe, jenseits semantischer Barrieren «ungarisch zu machen». Unabhängig von meiner privaten Leidenschaft ist eine derartige Vermittlung jetzt vielleicht auch nützlich. Zu dem Zeitpunkt, da dieses Buch erscheint, sind zehn Millionen Ungarn bereits Bürger der EU.

Berlin, im Herbst 2003

I. Blutige Anfänge

Phantombilder und Eigenbild. Die Landnahme

Eine der frühesten schriftlichen Erwähnungen der Ungarn bezieht sich auf die Jahre um 870 unserer Zeitrechnung. Der persische Chronist Dshaihani berichtet über sie Folgendes: «Die Ungarn sind eine Art der Türken. Ihr Anführer reitet mit 20 000 Kriegern aus. Der Name ihres Anführers lautet Kende. Dies ist jedoch nur der nominelle Titel ihres Königs, da derjenige, der als König über sie herrscht, Gyula genannt wird. (…) Die Ungarn haben Zelte (gewölbte Jurten) und ziehen mit dem sprießenden Gras und der grünen Vegetation. Ihr Reich ist ausgedehnt (…) Eine Grenze ist das Meer von Rum [das Schwarze Meer], in das zwei Flüsse münden. Ihre Wohngebiete liegen zwischen diesen beiden Flüssen [gemeint sind vermutlich die Wolga und der Don]. Nahen sich die Wintertage, ziehen sie näher an jenen Fluß, in dessen Nähe sie sich gerade befinden. Dort bleiben sie den Winter über und fischen. Der Winteraufenthalt ist dort für sie angenehmer.»

Die als Feueranbeter geschilderten «Türken» – sie werden erst später als «Oguren», «Ugren» oder «Magyaren» identifiziert – sind zu dieser Zeit, wie alle Stämme des Ostens, unterwegs. Sie kommen aus dem Gebiet zwischen der nördlichen Wolga und dem Ural, lassen sich zunächst in der geographisch oben umrissenen Lebedia nieder und ziehen bald nach Etelköz (Zwischenstromland) am Dnjepr und Prut weiter, um von dort aus endgültig in das Karpatenbecken zu gelangen.

Die Schilderung des Persers Dshaihani ist ebenso eine Momentaufnahme wie diejenige des Arabers Ibn Rusta, der die

Ungarn allerdings auf einer höheren Stufe der Zivilisation sieht: «Wenn die Ungarn in Kertsch ankommen, halten sie mit den ihnen entgegenkommenden Byzantinern einen Markt. Sie verkaufen ihnen Sklaven und kaufen byzantinischen Brokat, Wollteppiche und andere byzantinische Waren. Die Ungarn sind ansehnlich und schön anzusehen. Ihre Kleidung ist aus Brokat. Ihre Waffen sind mit Silber beschlagen und mit Perlmutt ausgelegt.» Merken wir uns diese Worte, denn sie bleiben für lange Zeit die letzten, in denen das kleine Nomadenvolk halbwegs lobend erwähnt wird.

Die Ungarn gehörten damals zu den zahlreichen Volksstämmen der Region, die sich ständig auf der Flucht befanden. Sie flüchteten voreinander, vor dem Hunger, vor der Kälte, der Hitze und dem Untergang. Der letztere holte dann die meisten doch ein. Fast alle Protagonisten der Völkerwanderung – Chasaren, Kabaren, Sawarden, Petschenegen sowie die damaligen Bulgaren – überlebten diesen dramatischen «struggle for life» nicht und haben sich bestenfalls in der historischen Überlieferung – wohl in den Namen einiger Siedlungen – erhalten. Die Vertreter der großen Kulturnationen – Araber, Perser und Byzantiner – blickten auf sie mit einer Mischung aus Neugier und Befremdung herab.

Für den byzantinischen Kaiser Leo den Weisen verkörperten die Ungarn anno 904 den Inbegriff der militärisch organisierten Barbarei. In seiner *Taktik* widmet er ihnen ein ganzes Kapitel: «Die Stämme der Ungarn sind Späher und verhehlen ihre Absichten, sind unfreundlich und unzuverlässig, und da sie einen ständigen Drang nach Reichtümern verspüren, brechen sie den Eid, halten auch keine Verträge, geben sich auch mit Geschenken nicht zufrieden, sondern bevor sie das Gegebene annehmen würden, zerbrechen sie sich den Kopf über Arglist und Wortbruch. (...) Geschickt kundschaften sie die geeignete Gelegenheit aus und sind bemüht, ihre Feinde nicht so sehr mit ihrem Arm und ihrer Streitkraft zu besiegen, son-

dern eher durch Arglist, Überfall und Raub des Lebensnot-
wendigen.»

Wir haben keinen Grund, an der Chrarakterisierung durch
den weisen Herrscher (886–912) zu zweifeln. Vielmehr stellt
sich die Frage: Wieso konnten die Ur-Ungarn, diese heimtük-
kischen Regelverletzer und Spielverderber, anders als die
ihnen ebenbürtigen Nomaden zwischen der Wolga und der
Donau, Wurzeln schlagen? Wie ist es ihnen gelungen, letztendlich das hochzivilisierte persische, arabische und byzantinische Reich zu überleben? Steckt dahinter eine göttliche Fü-
gung, die Genialität der Stammesführer oder eine historische
Notwendigkeit? Die Antwort auf diese Frage macht einen
noch heute – wie Kleider die Leute – zum Christen, Nationa-
listen oder (horribile dictu!) Marxisten. Meinerseits neige ich
als Historiker am ehesten zur letzteren Weltdeutung, doch
möchte ich sie keineswegs als endgültige Wahrheit bezeich-
nen.

Am wenigsten glaube ich daran, daß bei der Rettung der
Magyaren die von Dshaihani apostrophierten 20 000 Krieger,
überhaupt Kriegslust oder -list eine relevante Rolle gespielt haben. Imperien, die weitaus besser mit allen damals modernen
Mitteln der Verteidigung und des Angriffs ausgestattet waren,
sind heute nur noch Tradition. Vielmehr waltete über das
Geschick des kleinen Nomadenvolkes der Zufall.

Genauer gesagt handelte es sich um zweierlei Zufälle. Erstens wurden die Ungarn durch die rivalisierenden Stämme
mehrere tausend Kilometer westwärts von ihrem ursprünglichen Standort vertrieben. Zweitens erreichten sie das Karpatenbecken zu einer Zeit, als weder das Frankenreich noch die
Lombardei oder Byzanz aufgrund ihrer inneren Probleme imstande waren, die ehemalige römische Provinz Pannonia unter Kontrolle zu halten. Zwischen Donau und Theiss lebten
damals schwach strukturierte awarische und slawische Volksgruppen, die den Eindringlingen keinen nennenswerten Wi-

derstand entgegensetzen konnten. Dies ist wichtig zu erwähnen, denn besonders im stürmischen 20. Jahrhundert zweifelten die Ungarn nicht ohne Grund daran, ob die Auswahl des neuen Heimatortes exakt am Kreuzweg zwischen Ost und West wirklich optimal gewesen ist.

Den ethnisch und sprachlich verwandten Finnen schob man eine ironische Legende in den Mund, der entsprechend die beiden Völker während der gemeinsamen Wanderung in der Steppe plötzlich zwei Wegweiser mit der Inschrift «Ungarn» und «Finnland» erblickt hätten und die Magyaren, die, ganz anders als die gebildeten Kinder von Suomi, Analphabeten gewesen seien, sich für die erste Lösung ausgesprochen hätten.

Diese skeptische Auffassung reflektierte jedoch eine viel spätere Konstellation. Die Chronisten des Mittelalters bezeichneten die Tiefebene im Donautal vielmehr als ein Kanaan, in dem Milch und Honig flossen, und auch das Volk, das dieses Paradies erobert hatte, als eines von ganz edler Herkunft. Simon von Kézai, der Hoferzähler des 13. Jahrhunderts, führte den Stammbaum der Ungarn direkt auf die Hunnen zurück – einer der populärsten Männernamen in Ungarn ist bis heute Attila. Abenteuerlichere, um nicht zu sagen, dümmere Theorien entdecken im Eifer der Ahnenforschung das Sumererreich, Japan oder gar direkt den Garten Eden.

Der Notar von König Béla III., Anonymus, dessen sitzende Statue mit den unergründlichen Gesichtszügen im Budapester Stadtpark besichtigt werden kann, suchte in seinen *Gesta Ungarorum* die Wurzeln der Nation bei den Skyten und sogar beim Geschlecht Magogs, einem Urenkel des Japhet. Auch die Schulbücher des romantischen 19. Jahrhunderts sparen nicht mit biblischen Parallelen. So führt der hochbetagte Fürst Álmos das Volk, wie seinerzeit Moses die Juden, nur bis zur Grenze des Gelobten Landes und überläßt das Werk der «Landnahme» seinem Sohn Árpád:

«Die Reise unserer Vorfahren» – lesen wir in einem Lehrbuch aus dem Jahre 1845 – «dauerte lange und war reich an Verwicklungen; da sie aber an Mühen, Kälte und Hitze gewöhnt waren, trugen sie jedwede Last leicht. (…) So erreichten sie die Karpaten, über die sie Árpád hinwegführte, und im Jahre 896 ließ er sie vierzig Tage lang in Munkács [heute Mukačevo, Ukraine] ausruhen. 896 war jenes heilige Jahr, als Árpád (…) zum ersten Mal die vor seinen Füßen liegende lächelnde Niederung, die zukünftige süße Heimat erblickte. Endlich hatte das umherirrende ungarische Volk eine eigene Heimat.»

Kurz vor Álmos' Tod sollen die Fürsten der sieben Stämme ihm und seinen Nachfahren ewige Treue geschworen haben. Dies geschah in der Form eines sogenannten Blutvertrags, indem die Häuptlinge – so lesen wir bei Anonymus – ihr Blut in ein Gefäß rinnen ließen und einstimmig erklärten: «Vom heutigen Tag an wählen wir dich zu unserem Anführer und Befehlshaber, und wohin dich dein Glück führt, dorthin folgen wir dir.» Zu demselben Legendenkreis gehören noch die Versammlung von Pusztaszer, bei der das Land «in schöner Eintracht» unter den Fürsten verteilt worden ist, sowie die von den Malern ebenfalls bevorzugte Szene von Árpáds «Schilderhebung», das heißt, seine rituelle Wahl zum Großfürsten der Magyaren.

Die Streifzüge

Entgegen den literarisierenden Schilderungen erlebten die Ungarn, deren Bevölkerungszahl zu dieser Zeit die Historiker auf 500 000 schätzten, die sogenannte Landnahme bestenfalls als eine Zwischenstation in ihrer langen Fluchtgeschichte. Die darauffolgenden Streifzüge von Byzanz bis Spanien, die das christliche Europa mit dem Horror eines neuen Barbarensturms erfüllten, waren nicht so sehr auf Eroberung als auf

Raub und Mord ausgerichtet. Die panische Angst vor ihnen steckte noch lange in den Knochen der Nachbarvölker und prägte das Ungarnbild des Mittelalters in hohem Maße.

Der Bischof von Cremona, Liutprand, konnte von seiner diplomatischen Mission in Byzanz zu seinem Auftraggeber, Kaiser Otto I., nicht zurückkehren, weil die Wege von den «Türken» (= Ungarn) unsicher gemacht worden waren. Vielleicht spielte diese Unbequemlichkeit auch eine Rolle bei seiner Schilderung des inmitten des Kontinents eingekeilten heidnischen Reitervolkes: «Die schändliche Natur der Ungarn wurde von dieser unermeßlichen Ermordung der Christen dennoch nicht befriedigt, sondern um die Wut ihrer Niederträchtigkeit zu sättigen, ritten sie durch die Länder der Bayern, Schwaben, Franken und Sachsen und äscherten alles ein. (...) Es gab niemanden, der in östlicher und südlicher Richtung den Ungarn Widerstand geleistet hätte. Denn auch die Völker der Bulgaren und Griechen machten sie sich tributpflichtig, und um nichts unversucht zu lassen, wollen sie auch jene Völker aufsuchen, die in südlicher und westlicher Richtung siedeln.»

Lebhafter, beinahe mit dem Interesse eines Journalisten schildert der Benediktinermönch Frater Heribald die Ungarn, wie er sie im Jahre 926 während der Belagerung von St. Gallen erlebt hat: «Vom Hof des Klosters (...) ergreifen die Hauptleute Besitz und halten ein reichhaltiges Mahl ab. (...) Wie es üblich war, setzten sie sich zum Essen ohne Stühle auf das grüne Gras. (...) Nachdem sie die Schulterstücke und die übrigen Teile der Opfertiere halb roh, ohne Messer, nur mit den Zähnen abgebissen hatten, warfen sie die abgeknabberten Knochen aus Spaß gegeneinander. Vom Wein, der in vollen Eimern in ihre Mitte gestellt wurde, tranken alle soviel sie wollten, ohne Rücksicht auf den Rang. Nachdem sie vom Wein in Stimmung geraten waren, begannen alle schrecklich zu ihren Göttern zu schreien.» Dieser *homo ludens hungaricus* schmeichelt bis heute der nationalen Eitelkeit meiner Landsleute ebenso wie die heidnische Tradition oder das Bild des vor den Pfeilen der Magyaren zitternden Europas.

Die «Trauerungarn» – eine rechtzeitige Lehre

Ohne den barbarischen Charakter der Streifzüge leugnen zu wollen, möchte ich hier anmerken, daß die wilden Reiter von damals häufig im Auftrag durchaus zivilisierter, christlicher, einander befehdender Herrscher handelten. Den Italienfeldzug (899) fochten sie zum Beispiel als Verbündete des römischdeutschen Kaisers Arnulf mit König Berengar I. aus, und der Angriff auf das maurische Spanien (942) erfolgte als eine Art bezahlte Arbeit für den italienischen Herzog Hugo den Großen.

Gerade dieser Kontext führte zum ersten Fiasko der Streifzüge. Als die deutschen Herzöge bei ihrem Aufruhr gegen Kaiser Otto I. die Hilfe des berittenen östlichen Nachbarn in Anspruch nahmen, fügte ihnen der neue Herrscher in der Schlacht auf dem Lechfeld (955) bei Augsburg eine vernichtende Niederlage zu. Offensichtlich hatte die gefürchtete ungarische Fechtweise mittlerweile an Überraschungseffekt eingebüßt, außerdem standen die ehemaligen Nomaden nun nicht dem endgültig geschwächten Karolingerreich, sondern einer aufstrebenden regionalen Großmacht gegenüber. Ihr Heeresführer Lél (Lehel) wurde gefangengenommen und in Regensburg hingerichtet. Einige Angreifer haben die Sieger verstümmelt und danach freigelassen. Diese «Trauerungarn» sollten die Botschaft mit nach Hause nehmen, daß es sich nicht lohnt, die ungarische Kriegskunst noch einmal an den gepanzerten deutschen Rittern zu erproben.

In meiner Kindheit war noch eine Trostsage weit verbreitet: Lél sollte den deutschen Kaiser darum bitten, vor dem Tode noch einmal in sein Horn blasen zu dürfen. Doch anstatt musikalisch Abschied vom Leben zu nehmen, zerschmetterte er mit dem schweren Instrument den Kopf seines Gegners und rief dabei: «Du wirst mein Knecht im Jenseits sein.» Das berühmte Horn (oder zumindest seine Nachbildung) wird bis heute in der Stadt Jászberény aufbewahrt, in der übrigens eine Kühlschrankfabrik nach dem unglückseligen Krieger benannt wurde, während in München ein Stadtteil seinen Namen trägt.

Europa als Herausforderung

Dieses erste Desaster der Streifzüge, die allerdings noch eine Zeitlang in Richtung Süden und Osten weitergeführt wurden, zog eine gewisse Ernüchterung nach sich. Einerseits erschien der westliche Teil Europas plötzlich als eine Herausforderung und als zumindest potentielle Bedrohung für das kleine heidnische Land, das durch seine geographische Lage nicht nur zwischen Ost und West, sondern auch zwischen den West- und Südslawen eingekeilt war. Andererseits brachten die Raubzüge reiche Beute, welche die Differenzierung nach Vermögen und damit ein ökonomisches Element in die ursprünglich rein tribale oder militärische Hierarchie einbrachte.

Spätestens jetzt mußte der Oberschicht die sprachliche Isolation Ungarns bewußt werden – ein Problem, das in diesem Maße weder die romanischen noch die slawischen Völker beschäftigte. Um mit den Nachbarn gezwungenermaßen friedliche Kontakte knüpfen zu können, brauchte das Land Vermittler wenigstens mit lateinischen Sprachkenntnissen. Die Träger dieser Kultur waren die beiden großen christlichen Kirchen, und die Wahl zwischen ihnen bedeutete eine langfristige Orientierung.

Während sich die römische Kirche mit den Ungarn zunächst schwergetan hat, fand die östliche Orthodoxie relativ früh einen Zugang zu ihnen: Ihre beiden Kirchenväter hatten erstaunlich gute Erfahrungen mit den barbarischen «Ugriern» gemacht, die ansonsten «wie die Wölfe heulten». Angesichts des zum Märtyrertum bereiten, betenden Kyrills gaben sie sich zahm und ließen ihn frei ziehen. Methodius wurde sogar eine Audienz beim «ugrischen König» gewährt. Schließlich ließ sich der Stammesführer Bulcsú 942 in Byzanz taufen, was ihn allerdings keineswegs an der Durchführung weiterer Raubzüge im Westen hinderte. Allein diese Tatsache zeigt, daß die Aufnahme des Christentums für die Ungarn mindestens teilweise ein Akt der Diplomatie war.

Die Christianisierung Ungarns begann im Zeichen von Konstantinopel: Bischof Hierotheos nahm seine Missionstätigkeit bereits 948 auf, während die deutschen Bischöfe und Mönche bis in die frühen siebziger Jahren des 10. Jahrhunderts erfolglos blieben. Erst 973, als Kaiser Otto I. die Gesandten des Fürsten Géza zu Osterfeiern in Quedlinburg empfing, begann eine ernsthafte Annäherung zwischen Ungarn und dem westlichen Christentum. Ein Jahr später wurde Géza in St. Gallen getauft, und er ließ auch seinen heidnisch geborenen Sohn Vajk taufen. Somit stand dessen Ehe mit der Fürstin Gisela, der Tochter Heinrichs II. von Bayern, nichts mehr im Wege. Die Árpáden wurden allmählich in das Familiengeflecht der europäischen Herrscherhäuser integriert, was damals einer Anerkennung *de jure* gleichkam.

Der Traum des Papstes. Der heilige König

Die Frage nach der Orientierung war im konfessionellen Sinne zugunsten des westlichen Christentums entschieden. Nun mußte noch die gleichrangige Stellung Ungarns durch die weltlichen Mächte abgesegnet werden. Dies geschah in

Form der Übergabe der Heiligen Krone und der Insignien an den Fürsten Vajk, der zu dieser Zeit bereits den Namen István (Stephan) angenommen hatte.

«Die Krone bildet eine goldene hohle Halbkugel, die zwei sich kreuzende Halbbogen umschließen und die ein lateinisches Kreuz ziert. Am Scheitel, in dem mit Perlen und Edelsteinen umsäumten Viereck, ist der Heiland, neben ihm zwei Bäumchen, oben Sonne und Mond.» Mit diesen Worten beschreibt die deutschsprachige *Historische Bilder-Gallerie aus Ungarns denkwürdiger Vorzeit* (1873) die berühmteste Reliquie der ungarischen Geschichte. Der sakrale Gegenstand galt lange als eine Art Pfand für die Legitimation der jeweiligen Herrscher und wurde im Laufe der Jahrhunderte immer wieder zum Objekt der Begierde für unterschiedliche Thronbewerber. Experten bezweifeln, ob die heute im Budapester Parlament aufbewahrte Krone überhaupt etwas mit derjenigen zu tun hat, die Papst Silvester II. seinerzeit nach Ungarn geschickt hatte. Historiker stellten deswegen häufig den «geistigen Körper» der königlichen Kopfbedeckung in den Mittelpunkt des Kronenkults.

Nach der historischen Überlieferung hielt der Papst diese Auszeichnung ursprünglich für den polnischen König Boleslaw (den Tapferen) bereit. Ende Dezember 1000 (nach anderen Quellen 1001) erschien ihm jedoch ein Engel im Traum und bat ihn, die Krone nicht dem Polenkönig zu schicken, denn am nächsten Tag kämen die Gesandten eines heilig lebenden, frommen Fürsten aus fernem Land, und dem solle er die Krone überreichen. In der Tat erschien am nächsten Tag in Rom der Bischof von Kalocsa, Astrik, und schilderte dem Kirchenoberhaupt eingehend die Erfolge Stephans bei der Christianisierung seines Landes. Daraufhin soll der Oberste Hirte begeistert ausgerufen haben: «Ich bin nur apostolisch, er aber ist ein wahrer Apostel Christi!» Wichtig an dieser Schilderung ist die Erwähnung der Rivalität zwischen Ungarn und Polen um die Frage, wer – sozusagen – zum «ersten Kreis der Kandidaten» gehören sollte. Dabei wurden die Bistümer in Gnesen (Gniezno) und Gran (Esztergom) fast gleichzeitig errichtet.

In Wirklichkeit wurde die Entscheidung über die christliche Bescheinigung der mitteleuropäischen Fürsten keineswegs allein von Rom getroffen. Vielmehr handelte es sich um die Bestrebung des Königs und Kaisers Otto III., das Heilige Römische Reich deutscher Nation zu erneuern. Die Einbindung der Polen, Böhmen und Ungarn in diese als supranational konzipierte Staatengemeinschaft setzte verschiedene Stufen der Abhängigkeit bzw. der feudalen Hierarchie voraus. Während die nördlichen Nachbarn durch diesen Akt zu Vasallen des Deutschen Reichs wurden, zog Ungarn zunächst das glücklichere Los: Kirchlich und damit politisch wurde das Land einzig dem Papsttum unterstellt.

Dennoch war der deutsche Einfluß nicht aus der Welt zu schaffen. Deutsche Bischöfe und Söldner wurden dringend gebraucht, um den Traum des Papstes in die Tat umzusetzen, anders gesagt, die Vorstellung mit der Realität in Einklang zu bringen. Während sich nämlich die oberste Schicht des Landes aus Opportunismus oder Überzeugung zum Christentum und damit zu Europa bekannt hatte, stieß dieses Vorhaben bei der Mehrzahl der Bevölkerung, vor allem bei der Stammaristokratie, auf erbitterten Widerstand.

Fürst Koppány, ein Neffe des Königs, dem die Gebiete südlich des Plattensees gehörten und der die Mentalität der Streifzüge in sich bewahrt hatte, zog Stephans Herrschaft ebenso in Zweifel wie sein Onkel Gyula, der heidnische Souverän von Siebenbürgen, der wiederum mit Byzanz liebäugelte. Um den Erwartungen des Umfelds entsprechen zu können, sah sich der König gezwungen, mitunter recht unchristliche Mittel einzusetzen. Den bei Veszprém besiegten Koppány soll er geviertteilt und einen Teil der Überreste als unfeine Anspielung an Gyula nach Weißenburg (Gyulafehèrvàr, Alba Julia, heute Rumänien) geschickt haben.

Der Familienstreit drehte sich sowohl um die Tradition als auch um handfeste Interessen. Letztere äußerten sich in der unterschiedlichen Auffassung über die Erbfolge: Die heidnischen Ungarn plädierten für das Recht der Seniorität, die zum Christentum gewandelten vertraten hingegen das Prinzip der Primogenität, in dem nicht mehr der Stammälteste, sondern der vom König als solcher bezeichnete Erstgeborene zum Thronfolger erkoren wurde.

Stephan wollte jedoch mehr: Er hatte es direkt darauf abgesehen, das lose Sippengeflecht in eine streng strukturierte Gesellschaft und die freien Kämpfer in Untertanen zu verwandeln. Er teilte das Land in zehn Bistümer auf, die gleichzeitig als Verwaltungseinheiten (Komitaten) mit den dazu gehörenden Burgstädten und je einem Burggrafen («ispán») an der Spitze fungieren sollten. Zwei Drittel des Eigentums der Stammeshäuptlinge ließ er zum königlichen Besitz erklären, um das territoriale Prinzip materiell zu untermauern. Zu diesem Projekt brauchte er nicht nur militärische, sondern auch administrative Kraft und noch mehr Gesetze in lateinischer Sprache, die jedoch damals nur aus der Feder von Ausländern stammen konnten.

Die Ausländer

«Die Gäste (hospites) und Ankömmlinge», so schrieb der alternde König in seinen testamentähnlichen Ermahnungen an seinen Sohn, den Fürsten Imre (Emmerich), seien für die königliche Macht von großem Nutzen. «Denn wie die Gäste aus unterschiedlichen Landschaften und Provinzen kommen, so bringen sie unterschiedliche Sprachen und Bräuche, unterschiedliche Vorbilder und Waffen mit sich, und all das ziert das Land, erhöht die Pracht des Hofes (...). Denn ein Land mit einer Sprache und einer Gewohnheit ist schwach und ver-

gänglich. Deshalb befehle ich dir, mein Sohn, die Ankömmlinge wohlgesinnt zu beschützen und zu schätzen, auf daß sie
sich lieber bei dir als anderswo aufhalten und wohnen.»

Es soll nicht als Geringschätzung der vielgerühmten Toleranz von Stephan mißverstanden werden, wenn wir behaupten, daß die Öffnung des Landes gegenüber den Fremden vor
allem für die dünne Herrscherschicht lebensnotwendig war.
Trotz der Eroberung des gesamten Gebietes des heutigen
Ungarn, Siebenbürgen und später auch Kroatien sowie der
internationalen Akzeptanz des Árpádenstaates blieb dieser auf
eigenem Territorium zunächst weitgehend unorganisch.

Der heidnische Widerstand hielt noch mehrere Lebensalter
lang an und löste blutige Aufstände aus. Bei einer Zusammenrottung 1046 kam der deutsche Bischof Gellért (Gerhard) ums
Leben; man ließ ihn laut Überlieferung in einem Faß voller
Winkel von dem Berg in die Donau rollen, der jetzt in Budapest seinen Namen trägt. Am zähesten lebten jedoch der
Urglaube und seine Moral im Alltag weiter, vor allem in der
Weigerung, die neuen Verhältnisse zu akzeptieren. Dieser
Schwierigkeit suchten die Árpáden durch drakonische Strafen
Herr zu werden, wobei sie das Stehlen von Hühnern grausamer ahndeten als Mord und Totschlag.

Die außergewöhnliche Strenge sollte die Institution des Privateigentums langfristig verankern. Der Staat stellte sich eindeutig auf die Seite der Besitzenden: «Kraft unserer königlichen Gewalt fassen wir den Beschluß, daß jeder die Freiheit
haben möge, sein Vermögen aufzuteilen unter seine Frau, seinen Söhnen und Töchtern und seinen Verwandten, oder es
der Kirche zu schenken, und nach seinem Tode wage dies niemand ungültig zu machen.»

Die Ausländer – hauptsächlich die in den offiziellen Urkunden unter dem Sammelbegriff «Saxones» erfaßten Württemberger, Bayern, Zipser und wirklichen Sachsen sowie Ismaeliten und Juden – sollten bei ihrer Niederlassung über die Natur des Privateigentums, des Ackerbaus, Handwerks oder Handels nicht aufgeklärt werden. Vielmehr wirkten sie als gestaltendes Element der durch das Sippenwesen zersplitterten ungarischen Gesellschaft. Eine andere Rolle wurde dem Rest jener östlichen Steppenvölker – Petchenegen, Kumanen – zugedacht, die man zum Schutz der Grenze bestellt und zu diesem Zweck an die Scholle gebunden hatte.

Risikofaktoren

Der Werdegang des ersten ungarischen Königs bekräftigte eine paradoxe, für das gesamte Mittelalter gültige Regel: Je stärker die Integrationskraft der Person war, welche die Zentralgewalt in ihrer Hand hielt, desto stärker war diese nach deren Ableben vom Zerfall bedroht. Außerdem war jeder König, den die Historie im nachhinein als «groß», «heilig», «gerecht» oder «weise» akzeptiert hatte, zumindest in der ersten Hälfte seiner Herrschaft ausschließlich damit beschäftigt, die von den vorangegangenen Diadochenkämpfen erschütterten Institutionen und die wackelnde Macht der Gesetze wiederherzustellen. Am wenigsten konnten die Autokraten die Zukunft ihres Landes beeinflussen. Als größter anzunehmender Unfall galt in diesem Zusammenhang das Fehlen eines eindeutigen, von allen akzeptierten Thronfolgers.

So konnte Stephan noch so eifrig an seinen *Ermahnungen* für den fürstlichen Sohn Imre arbeiten; als dieser 1031 bei einem Jagdunfall starb, verwandelten sich die präzisen politischen und machttechnischen Instruktionen des Erblassers in fromme Wünsche. Er mußte in den letzten Jahren seines Königtums ohnmächtig zusehen, wie die Hofintrigen, Verschwörungen und Mordversuche die Macht seines Hauses untergruben.

Das letzte Kapitel seiner Herrschaft, wie es der Chronist Márk von Kált schildert, ähnelt einem klassischen Königsdrama: Kurz vor dem Tod wollte Stephan seinen nächsten Verwandten, den Vetter Vazul, zum Erben machen, der wegen eines angeblichen Attentats auf ihn im Kerker von Neutra (Nyitra, heute Slowakei) saß. Er schickte einen Boten zu dem Gefangenen, um ihn zu begnadigen. Königin Gisela lehnte diese Entscheidung ab, und ihr Entsandter war schneller: Dem der Verschwörung Bezichtigten wurden die Augen ausgestochen, in seine Ohren wurde Blei gegossen, die drei Söhne wurden aus dem Lande verbannt.

Allerdings sind die Meinungen über diese traurigen Ereignisse geteilt: Nach einer anderen Version soll der König selbst den abtrünnigen, heidnischen Thronprätendenten aus dem Weg geräumt haben, was jedoch, insbesondere nach seiner Heiligsprechung im 1083, zu dem Image des frommen und gutmütigen Herrschers schwer gepaßt hätte. So haben manche Chronisten die gnadenlose Tat der bayerischen Gattin in die Schuhe geschoben. Wie dem auch sei, es handelte sich offensichtlich um den Krieg zweier Hofparteien, aus dem als Sieger zunächst Peter Orseolo, der Sohn von Stephans Schwester und des Dogen von Venedig hervorging.

Der Sinn des ungarischen Urchaos

Die vier Jahrzehnte, welche auf Stephans Tod folgten, sind selbst für den ungarischen Blick schwer überschaubar, und den büffelnden Schülern meiner Generation bedeuteten sie eine Qual beim Lernen. Péter, Aba Sámuel, Péter (zum zweiten Mal), András I. (dreimal), Béla I., Salamon – die Namen der Herrscher dieser Periode, die getötet oder verjagt wurden, stehen für eine Wirrnis, die Stephans Reich fast vollkommen zerrüttete. Auch an ausgestochenen Augen und verstümmelten Gliedern mangelte es nicht. Allein der König Béla I. verendete gewissermaßen natürlichen Todes, als er unterwegs von seinem einstürzenden tragbaren Holzthron erdrückt wurde.

Der Chronist liefert von Stephans direktem Nachfolger eine niederschmetternde Charakteristik: «Er verschlang die Güter der Erde zusammen mit Teutonen, die wie wilde Tiere brüllten, und mit Latinern (Italiener), die wie Schwalben zwitscherten.» Als dann der vertriebene Dogensohn Kaiser Heinrich III. um «Gnade und Unterstützung» bat, das heißt, sich ihm als Vasall empfahl, brach hinter der gewöhnlichen Fehde eine elementare Unzufriedenheit – die erste (1044) und die zweite (1061) heidnische Rebellion – aus.

Den Aufständischen ging es darum, die vom Reichsgründer privilegierten Schichten, die Nutznießer der soeben geschaffenen Zentralgewalt, aus dem Sattel zu heben. Es zeigte sich, daß Christianisierung und Feudalisierung bei aller Radikalität bloß die Oberfläche der Gesellschaft erreicht hatten. Jedes ungelöste Problem – sowohl dasjenige der Erbfolge als auch der auswärtigen Orientierung des neuen Staates – demonstrierte dessen Gebrechlichkeit. Die Nachfahren der Stammaristokratie von einst, in deren Familientradition die Erinnerung an Ruhm und Beute der Streifzüge noch frisch war, wünschten keinesfalls nach den alten Gesetzen zu leben. Die Reichen wollten keinen Zehnten an die «deutsche» Kirche zahlen, die Stolzen weigerten sich, eine andere Macht als die eigene zu akzeptieren, die Anhänger der «táltos» (Schamanen) stellten sich dem Dekret entgegen, das den Sonntagsgottesdienst obligatorisch machen wollte. Das war ein letztes Aufflackern des vorchristlichen Traums, plötzliche Wiederkehr der alten Ordnung, «kurzer Sommer der Anarchie», freilich mit einem rein negativen Programm: «Gestatte uns den Brauch unserer Väter, nach heidnischer Art zu leben, die Bischöfe zu steinigen, die Geistlichen zu erwürgen, die Steuerbeamten aufzuhängen, die Kirchen abzureißen und die Glocken zu zerschlagen.»

Auch manche persönliche Rechnung sollte beglichen werden. Als die drei Söhne des erblindeten Fürsten Vazul aus Kiew zurückkehrten, hatte Stephans Witwe Gisela einen guten Grund, unter dem Schutz des deutschen Kaisers das Land zu verlassen, damit sie wenigstens ihre alten Tage unversehrt im Passauer Kloster Niedernburg verbringen konnte.

Die stürmischen Auseinandersetzungen des 11. Jahrhunderts zeigten bereits, wie winzig die Nebenbühne war, auf der sich die ungarischen Königsdramen abspielten: Die Christen waren auf den Papst und noch mehr auf das Deutsche Reich angewiesen, während die Heiden bestenfalls mit einer halbherzigen taktischen Unterstützung von Byzanz rechnen konnten. Als dritte Kraft kamen noch die östlich der Grenze lebenden Nomadenstämme in Frage, die jedoch für das halbwegs zivilisierte Land ebenso unberechenbar waren wie noch vor kurzem Bulcsús und Lehels Horden für das postkarolingische Europa. Konnten die mobilen Urväter vor dem Druck der Völkerwanderung noch über die Steppe ins Donautal flüchten, so waren die seßhaften Urenkel zwischen den Voralpen und den Karpaten endgültig in der eigenen Geographie und Geschichte eingesperrt.

Der Heilige und der Bücherfreund

Die Wellenbewegung zwischen absoluter Herrschaft und feudaler Zersplitterung – ein gesamteuropäisches Phänomen – spaltet die ungarische Geschichte mindestens im Bewußtsein der Nachwelt in Perioden des Friedens, der Gerechtigkeit und kultureller Blüte und in solche der Verwüstung, der Rechtlosigkeit und des Untergangs. In Wirklichkeit verlief dieser Prozeß weniger eindeutig. Schwache Könige erwiesen sich nicht nur dem Bösen, sondern auch dem Guten gegenüber als machtlos.

Das ungarische Pferd gehörte sicher zu letzterem. Trotzdem (oder eben deswegen) fühlte sich ein illegaler Pferdehändler unter der Herrschaft eines hergelaufenen Sprößlings der Orseolos sicher besser als unter König László I. (1042–1095), der selbst seinen Kurieren untersagte, ihr Roß weiter als drei Dörfer mitzunehmen. Gleichzeitig konnte eine untreue Frau unter László I. beruhigt sein, wenn ihr Ehemann die Zwistigkeit innerhalb des Hauses ordnen wollte, während einem Dieb oder demjenigen, der ihn flüchten ließ, nichts mehr helfen konnte: Selbst zum Beweis der Unschuld mußte sich der Verdächtige der «Feuerprobe» aussetzen, die einer Strafe gleichkam. Wenn eine Frau beim Diebstahl ertappt worden war, konnte sie von ihrer Nase Abschied nehmen, und eine Witwe mit diesem Delikt mußte sogar um ein Auge und ihren Besitz bangen – ein schwacher Trost für die Gerechtigkeit, daß ihre Söhne den ihnen zustehenden Teil des Vermögens trotzdem erben konnten.

Hingegen fühlte sich ein Pfarrer, der den fleischlichen Gelüsten nicht ganz abhold war, unter (dem später heilig gesprochenen) László I. sicherer als unter den heidnisch angehauchten Herrschern. Der König war auf Gottes Diener angewiesen, handelte also pragmatisch und verordnete eine lockere Handhabung des Zölibats. Sein Nachfolger, König Kálmán (1074–1116) verhielt sich in dieser Frage etwas strenger, dafür ließ er die Hexenprozesse stoppen und galt damit in der Tradition als Frühaufklärer, zumal er die schönen Künste förderte (dafür erhielt er den Beinamen «Bücherfreund»).

Dabei hingen die Motive der Monarchen und ihres jeweiligen Gesetzeswerks eng mit ihrer gesamten Politik, Ideologie und Diplomatie zusammen. Wenn zum Beispiel László I. die Hühnerdiebe henken lassen wollte, deutete dies auf die weite Verbreitung des Delikts hin. Gleichzeitig mußte er an den Ausnahmefall denken, daß der Täter in einer Kirche Zuflucht fand, und diese Institution durfte in keinem Fall Ort einer möglicherweise gewaltsamen Festnahme sein.

Auch Kálmáns berühmte Ablehnung der Hexenjagd diente einem allgemeineren Zweck: Konflikte zwischen dem Christentum und dem immer noch existierendem passiven Heidentum nicht durch hysterische Aktionen loszutreten. In dem an den Erzbischof von Gran, Szerafin, gerichteten Vorwort seines *Decretorum liber primus* distanziert er sich sogar vom wichtigsten Bezugspunkt des ungarischen Christentums, von König Stephan. Während dieser «die Ungläubigen ausgerottet» habe, wolle er ihnen «durch Rechtsprechung zum wahren Leben verhelfen». Habe Stephan «mit dem Schwert von Gottes Wort gedroht», so wolle er das Volk «mit dem Helm des Heils schmücken». So spricht jemand, der bewußt auf eine Konsolidierung des Erreichten hinsteuert.

Ismaeliten und Israeliten

Der große Protektor von László I. war Papst Gregor VII., der den deutschen Kaiser zu seinem sprichwörtlichen Canossagang gezwungen hatte. Das selbstbewußte Kirchenoberhaupt wollte dem loyalen ungarischen Monarchen den Rücken stärken, indem er den König Stephan (István), dessen Sohn Emmerich (Imre) und den Märtyrerbischof von Csanád Gerhard (Gellért) heiligsprechen ließ. Die umstrittene Gisela mußte auf die päpstliche Anerkennung noch lange warten und gilt bis heute nur als «selig». Indes mehren sich – nicht zuletzt im Internet – die Forderungen, sie mit den zahlreichen ungarischen Heiligen gleichzusetzen.

Gregors Wirken stand im Zeichen sowohl der Kirchenreform als auch einer wachsenden Intoleranz gegenüber den beiden großen Weltreligionen: dem Islam und dem Judaismus. Der erste Kreuzzug mit seinen verheerenden Folgen sowohl für den angegriffenen Orient als auch für das angreifende Europa stand bevor. Diese Atmosphäre stellte bald Stephans berühmte Geduld gegenüber den «Gästen» auf eine harte Probe.

Mohammedaner gab es in Ungarn wenig – mehrheitlich aus dem Südosten stammende Handwerker und Händler. Sie wurden von der königlichen Macht allmählich zwangsweise assimiliert. Mit besonderem Eifer sorgte man dafür, daß sie, falls sie Gäste empfingen, mit ihnen Schweinefleisch aßen und auch Mischehen mit Ungarn eingingen. Als Geldwechsler wurden sie sehr bald zum Sündenbock eines womöglich mit Absicht geschürten sozialen Hasses. Die Gesetze gegen sie wurden vermutlich, wie auch ansonsten, durch ihre Lücken gemildert.

Scheinbar ähnlich verhielt es sich mit den Juden. Die Verbote gegen sie blieben jedoch im europäischen Vergleich zunächst im zivilen Rahmen und die Strafen relativ human. Sie durften – anders als die Ismaeliten – keine Ungarn heiraten, nicht einmal als Knecht einstellen. Die gewöhnlichen Wochenmessen am Sonntag wurden bereits von Béla I. (1060–1063) auf Samstag – für die frommen Juden Sabbath – verlegt. Ihre Ansiedlung war zumindest formal streng geregelt.

Nach dem Konzil von Piacenza zogen die Scharen des ersten Kreuzzugs über Mitteleuropa her. Die fanatisierten Ritter und ihre Knechte raubten, mordeten und bekehrten zugleich. Aus Regensburg, Wien und Prag flüchteten ganze jüdische Gemeinden nach Ungarn. Da der christliche «Dschihad» auch die Dörfer in Transdanubien nicht verschonte, untersagte Kálmán einer als Heer bezeichneten Meute den Durchzug durch sein Land und schlug sie sogar in der Schlacht bei Mosony. Gut hundert Jahre später fanden sich magyarische Monarchen, die mit mehr Beflissenheit der römischen «Generallinie» folgten; trotzdem blieb das Land noch lange ein bevorzugter Fluchtpunkt vor spanischen Scheiterhaufen, deutschen Pogromen und österreichischen Vertreibungen.

Ungarn als Reiseziel im Mittelalter

Das Land mit zwei Millionen Einwohnern, dessen Könige mit
allen wichtigen Dynastien in Ost und West verwandt, ver-
schwägert, verbrüdert und gelegentlich verfeindet waren, zog
die Reisenden des ganzen Kontinents an. Am Hof von Andreas (András, Endre) II. (1211–1235) zu Alba Regia (Stuhlwei-
ßenburg, Székesfehérvár) war der gotische Architekt Villard
de Honnecourt ebenso willkommen wie der Minnesänger
Tannhäuser.

Unter den Besuchern gab es Diplomaten und Reisende, die
oft im Auftrag ihres Herrn als Kundschafter arbeiteten. So be-
gleitete Bischof Otto von Freising König Konrad III. Mitte des
12. Jahrhunderts auf dem dritten Kreuzzug und zeigte recht
zwiespältige Gefühle gegenüber dem Königreich und seinen
Bewohnern. Einerseits sei es «an Wäldern sehr reich, in diesen
gibt es vielerlei Wild und die natürliche Schönheit ihrer Oberfläche ist genau so anmutig, wie es Gottes Paradies oder das
prächtige Ägypten zu sein scheint». Andererseits: «Die Ungarn haben häßliche Gesichter, ihre Augen sitzen tief, sie sind
klein gewachsen», und er bewundert «die göttliche Milde (…),
die derartigen wilden Unmenschen ein so herrliches Land gegeben hat».

Wenn man bedenkt, daß der Bischof weder das Paradies
noch Ägypten aus eigener Erfahrung kannte und das ästhetische Kopfschütteln über die häßlichen Ungarn Teil seiner be-
schönigenden Biographie über Friedrich den Rotbart war,
können wir feststellen, daß seine Schilderung das erste Glied
einer langen Kette von touristischen Klischees über Ungarn
darstellt. Aus derselben Zeit meldet der arabische Geograph
Al-Idrisi aus Sizilien Günstigeres: «Die Stadt Fehérvár ist eine
schöne, prächtige Stadt mit vielen Gebäuden, einer starken
Mauer, Jahrmärkten mit viel Volk, Handwerk, einem lebhaften

Handel (...). Auf den blühenden Gutshöfen leben die Menschen ausgezeichnet und in Reichtum.» Ein anderer Reisender, der Maure Abu Hamid al-Andalusi al-Garnati (aus Andalusien, Granada), erwähnt lobend 78 Städte mit Befestigungen sowie die militärische Stärke des Königs «Unkurija»: «Alle Völker fürchten seine Bosheit, die große Zahl seiner Scharen und seine große Kraft.» Immerhin war der begeisterte Andalusier nicht ins Heilige Land unterwegs, sondern erhielt den Auftrag, für Géza II. an der Wolga Bogenschützen anzuwerben.

Heidnisch und Lateinisch

Das bereits der Vergangenheit angehörende Heidentum zierte nun als Tradition die Chroniken. Der Notar Anonymus dichtete in dieser Zeit zur Legitimation des Hauses Árpád die Hunnenlegende nach, an einem Fresko in Siebenbürgen mit dem heiliggesprochenen László I. erblickt man den altertümlichen Lebensbaum sowie Tierkämpfe aus Ur-Ungarn. Gleichzeitig hält die Gotik im Tempelbau Einzug, die Mönche schreiben Amtslateinisch, die Ritter tragen flämische Kleider, noble Neugeborene werden nach griechischen Helden wie Priamos oder Achilles benannt, der Kleriker Elvin wird von König Béla III. nach Paris geschickt, um dort Kirchenmusik zu studieren, andere Studiosi kommen durch dieselbe majestätische Gunst gar nach Oxford.

Die kulturelle Blüte schmückte ein Imperium, das seine vorläufig größte Ausdehnung erreicht und seinen Platz im zeitgenössischen Europa gefunden hatte. Die Personalunion mit Kroatien öffnete für Ungarn die Adria, und angesichts der augenblicklichen Schwäche sowohl von Byzanz als auch des Deutschen Reichs stand seinen weiteren Eroberungsplänen ausschließlich Venedig im Wege.

Doch dieser Glanz erwies sich sehr bald als Talmi. Ausgerechnet die Großmachtphantasien führten dazu, daß sich das Königreich dem aktuellen Kreuzzug nicht mehr entziehen konnte. Zwar steigerte die Beteiligung an diesem europäischen Projekt das christliche Prestige des Herrschers, die Kosten dafür überstiegen jedoch die realen Möglichkeiten seines Landes. Der teure Triumph trug erheblich zur Erschöpfung der Ressourcen Ungarns bei, und das durch innere Fehden und Kriege ausgeblutete Land erwartete ein unglückliches 13. Jahrhundert.

Höfisches Trauerspiel

Die Fürstentochter Gertrud aus dem bayerischen Meranien heiratete Andreas (András, Endre) II. noch als «jüngeren König», also als Thronfolger von Béla III. Die nach der zeitgenössischen Schilderung «tugendsame und willensstarke Frau» brachte als Mitgift ihre gesamte Gefolgschaft in die Wahlheimat mit und beförderte Verwandte und Höflinge auf verschiedene hohe Posten. Da sich der Gatte aufgrund seiner Feldzüge regelmäßig auf Reisen befand, konnten die Machtgelüste des Clans der Gattin von niemandem gedämpft werden. Vielmehr förderte Andreas die «hospites», indem er zwischen zwei Kriegen einem Teil des Ritterordens in Siebenbürgen Ländereien schenkte.

Die teure Hofhaltung (mit fürstlichen Gästen aus Frankreich, Deutschland und Italien) sollte durch den Ausverkauf des königlichen Besitzes und Besteuerung von alten Monopolen (Gold, Salz, Wein) finanziert werden. Die Willkür sowohl der fremden als auch der eigenen Magnaten lastete vor allem auf den Städten, auf dem mittleren Adel und auf dem gemeinen Volk, das zu dieser Zeit bereits den Status der Leibeigenen innehatte. Selbst die Kirche fühlte sich übergangen, nachdem der Bruder der Königin, Berthold, ohne Erlaubnis des Papstes zum Bischof von Kalocsa ernannt wurde.

Die Unzufriedenen scharten sich laut Überlieferung um den Ban (kroatischen Statthalter) Bánk und töteten während einer Palastrevolution im Herbst 1213 die Königin. Laut der leichten Übertreibung des Chronisten «weinte ganz Pannonien». Um dieses Ereignis entstanden im 19. Jahrhundert sowohl das nach Shakespeares Strickmuster verfaßte Trauerspiel von József Katona als auch die nach diesem vertonte Nationaloper von Franz Erkel. Selbstverständlich dienten die Meraner im Stück als Modell der Habsburger, und der Leibeigene Tiborcz symbolisierte die Auflehnung der Bauernschaft.

Andreas heiratete bald wieder, diesmal eine Fürstin aus Konstantinopel, huldigte jedoch nach wie vor seiner kriegerischen Leidenschaft. Neben seinen offiziellen Titeln als «König aus Gottes Gnaden von Ungarn, Dalmatien, Kroatien, Rama, Serbien, Galizien und Lodomerien» erhielt er den Beinamen «der von Jerusalem». Dieser klang in den Ohren vieler Zeitgenossen wohl weniger nach Ruhm als nach Spott. Als er 1217 aus dem Heiligen Land zurückkehrte, prahlte er damit, in seinem Gepäck unter anderem den Schädel des Heiligen Stephan sowie einen der sechs Eimer mitgebracht zu haben, in denen Christus das Wasser in Wein verwandelt hatte. Er überhäufte Europa von Neapel bis Armenien mit Heiratsanträgen für seine sieben Kinder und peilte in seinem Größenwahn die römisch-deutsche Krone an.

Durch einen erneuten Putsch zwangen ihn seine Dienstleute (*servientes*) zur Annahme der Goldenen Bulle, einem Gesetz, das die königliche Rechte radikal beschnitt und als letzte Demütigung eine Widerstandsklausel enthielt. Besonders wegen dieses Paragraphen wird die «bulla aurea» in Ungarn häufig mit der englischen Magna Charta oder gar mit Jeffersons Verfassung verglichen. Derweil brachte sie nur den Gemeinfreien (mittlerer, bewaffneter Adel) das Recht, gegen den jeweiligen Monarchen zu rebellieren, und wirkte so wie das polnische *liberum veto*, das gute und böse Absichten gleichermaßen vereiteln konnte.

Mongolen in Ungarn

Das langjährige Wirken des Sohnes der ermordeten Gertrud, Béla IV. (1235–1270), ähnelte dem Abräumen der Trümmer während einer anhaltenden Belagerung. Kaum begann er mit der Wiederherstellung der königlichen Autorität, meldete sich bereits eine akute Gefahr aus dem fernen Karakorum. Der Nachfolger des mongolischen Herrschers Dschingis Khan, Batu, eroberte bereits das halbe Rußland, und es bestand kein Zweifel über sein nächstes Kriegsziel.

Die Nachricht über die Mongolen (oder wie die Ungarn sie nannten: Tataren) brachten zunächst die Mönche Julianus und Otto, die der König in die Heimat der Ur-Ungarn an der Wolga geschickt hatte, wo es diesen angeblich noch gelungen war, mit den Stammesbrüdern ohne Dolmetscher zu sprechen. (Diese legendäre Begegnung faszinierte die Vorstellung der Ungarn schon immer. Viele denken nostalgisch an das alte Siedlungsgebiet – heute Autonomes Gebiet der Russischen Föderation –, wo mittlerweile höchstens ein paar tausend verwandte Hanti und Mansi ihr rein folkloristisches Dasein fristen.)

Eine neue Hiobsbotschaft übermittelten die Kumanen und waren gleich bereit, dem König bei der Abwehr der Goldenen Horde beizustehen, was immerhin Tausende kampferfahrener und der mongolischen Taktik kundiger Reiter hätte bedeuten können. Bélás Landsleute zeigten jedoch wenig Verständnis für das heidnische Türkenvolk und vertrieben es nach blutigen Auseinandersetzungen aus dem bedrohten Königreich. Inzwischen besetzte Batu Khan bereits Kiew.

So war es kein Wunder, daß das in Wagenburgformation versammelte ungarische Heer im Frühjahr 1241 bei Mohi am Fluß Sajó im Norden des Landes eine so vernichtende Niederlage erlitt, daß selbst der König kaum sein Leben retten konnte. Die Eroberer hielten sich ein Jahr lang in Ungarn auf und zogen aus dem verbrannten und geplünderten Land erst dann ab, als sie die Nachricht vom Tod des Großkhans Ögödei erhielten. Die Eroberung seines Throns war für Batu wichtiger als die Bekämpfung des von ihm so genannten «kleinen ungarischen Königs».

Das Bild des verwilderten Königreichs, das die Hälfte seiner Bevölkerung verloren hat, blieb im Klagelied eines unbekannten Dichters erhalten:

> Schutzlos, wehrlos in der Falle
> Sitzt das Volk der Ungarn, alle
> Überlassen es dem Feinde,
> Die sich nannten seine Freunde
> In jedwedem Nachbarland.
>
> Die den Heiden doch entgangen,
> Nahm das Räubervolk gefangen,
> Ob der Adeligen Schätze,
> Ob die Lumpen einer Metze,
> Keine Beute war verschmäht.

(Aus dem Lateinischen von Volker Ebersbach)

Das Ende des Hauses Árpád

«Wir hatten die Hilfe unserer Mutter Kirche erwartet, damit wir gegen die Feinde des Namens Christi Widerstand leisten können», schrieb Béla IV. auf der Flucht an Papst Gregor IX., «(...) und es kam keine Hilfe.» Ebenso vergeblich wandte er sich an die deutschen oder an die französischen und italienischen Herrscher, mit denen er verwandt war und die als

Ehrengäste am pompösen Hof seines Vaters willkommen gewesen waren. Ungarn war dem christlichen Europa keinen Kreuzzug, nicht einmal die Entsendung einer Hilfstruppe zur Rettung seines Königs wert. Der österreichische Herzog Friedrich II., der Babenberger, plünderte vielmehr den bei ihm Asyl suchenden Béla aus und verlangte für dessen Entlassung eine beträchtliche Summe sowie territoriale Zugeständnisse.

Der Schock des Mongolensturms hinterließ bleibende Spuren im Geschichtsbewußtsein der Ungarn. Es entstanden ein Gefühl der Einsamkeit (verstärkt wohl durch die sprachliche Isolation) sowie der dazu gehörende Eigentrost, das Land sei Schild der abendländischen Zivilisation gewesen. Ähnliche Topoi pflegten alle Völker von Polen bis Griechenland, ohne zu wissen, ob die jeweiligen Wilden des Orients überhaupt die Absicht hatten, Rom, Paris oder gar London zu versklaven und heidnisch zu machen. Sie dichteten der europäischen Welt eine Rolle an, welche diese gar nicht spielen wollte. Mourir pour la Hongrie? Kreuzritter für Bulgarien, Serbien oder Albanien? Nicht einmal in der Schicksalsstunde von Byzanz regten sich Päpste, Kaiser und Fürsten des Westens.

Béla IV. handelte nüchtern. Er ließ in den entvölkerten Regionen seines Reichs Rumänen, Kumanen und Jazygen ansiedeln, für seine zehn Kinder suchte er dynastische Ehepartner bei den Polen, Ruthenen oder gar Kumanen. Dem Heiligen Stuhl gegenüber entschloß er sich zu der frommen Geste, die Tochter Margarete als Nonne erziehen zu lassen. Die legendäre Jungfrau lebte in einem Kloster auf der Donauinsel, die heute als Margitsziget ihren Namen trägt. Wir wissen nicht, was der *advocatus diaboli* dem Opferlamm anhaben konnte, aber heiliggesprochen wurde Margit erst 1948 – wohl als Unterstützung für die katholische Kirche Ungarns gegenüber dem atheistischen Staat.

Im übrigen wohnte der Vater nicht weit entfernt von der Tochter: Der Bau der Burg von Ofen (Buda) begann bereits

1247, und einige Jahre später war die Siedlung am linken Ufer des Flusses zu städtischem Rang erhoben. Die von Mauern umgebenen Städte versprachen einen besseren Schutz als die Wagenburg vor den Mongolen, deren Wiederkehr panisch befürchtet wurde. Die Städte mit ihren bereits damals als «Bürger» (*cives*) bezeichneten Einwohnern waren auch ansonsten die Stütze der königlichen Macht gegenüber den immer stärker werdenden Baronen. Die letzten Jahre des «zweiten Reichsgründers» Béla IV. standen bereits im Zeichen neuer Fehden, bewaffneter Auseinandersetzungen, in denen der Sohn István V. offen gegen den Vater Partei ergriff.

War der Feldzug von Batus Horden wie eine Naturkatastrophe über Ungarn hereingebrochen, so ist der Untergang der Árpáden ein soziales Phänomen. Lange vor dem biologischen Ende der Dynastie erschöpften sich ihre Energien in zermürbenden inneren und auswärtigen Konflikten. Während der Herrschaft des letzten Monarchen aus dem Haus Árpád, Andreas (András, Endre) III., bestand Ungarn praktisch aus mehreren selbständigen Provinzen, in denen Kleinkönige das Sagen hatten.

Zwischen Buda und Neapel: Das Haus Anjou

Trotz des Aussterbens der Gründerdynastie blieben dem mittelalterlichen Ungarn noch gut zweihundert Jahre übrig, um sich unter den Staaten Europas zu behaupten. Laut dem Prinzip der Erbfolge (oder eher nach dem Willen des Papstes) fiel nun die schwere Stephanskrone der in Italien dominierenden Fürstenfamilie Anjou zu. Die beiden Ritterkönige Karl Robert (1308–1342) und Ludwig (Lajos) I. «der Große» (1342–1382) zentralisierten ihre Macht auf eine zeitgemäßere Weise als ihre Vorfahren. Statt auf Landbesitz stützten sie sich auf sogenannte Realrechte: Zoll- und Steuereinnahmen und überhaupt aufs Geld oder vielmehr Gold und Silber aus den Bergwerken von Siebenbürgen. Anstatt der wertlos gewordenen Dukaten der Árpádenzeit ließen sie eine ständige Währung prägen, die dann nach der Stadt Florenz den Namen Forint erhielt und beinahe so etwas wie der Euro des 14. Jahrhunderts wurde. Die Bedeutung des Geldes illustrieren am besten die erhalten gebliebenen Gesetze von Karl Robert, die sich fast ausschließlich um Zahlungsmittel drehen.

Nach der Zerschlagung der Oligarchen zog die Dynastie von ihrem ursprünglichen Sitz Temesvár (Timisoara, heute Rumänien) nach Buda. In einem Kompromiß mit dem Adel räumten die Anjous diesem sämtliche in der Goldenen Bulle enthaltenen Freiheiten wieder ein und ergänzten sie durch das sogenannte Alterbrecht, eine gesetzliche Bindung des Vermögens an den Adelstitel. Gleichzeitig verpflichtete man die Edelleute zum Militärdienst: Die Barone sollten ihre eigenen Einheiten (Banderien) aufstellen, während der mittlere und niedere Adel im Ernstfall dem Komitatsgespann unterstellt werden sollte. Das Komitat («megye») war zu dieser Zeit endgültig zur Verwaltungseinheit geworden.

Das Königreich erreichte damals seine größte territoriale Ausdehnung: Auf 300000 Quadratkilometern lebten zwei Millionen Ungarn, das heißt, so viele wie vor dem Mongolensturm. Mit diesem menschlichen Kapital ließ sich durchaus eine Art Großmachtpolitik betreiben. Deren friedliche Variante zeigte sich in dem berühmten Dreikönigtreffen von Visegrád (1335), auf dem Ungarn, Böhmen und Polen unter anderem gegenüber dem österreichischen Stapelrecht die Schaffung eigener Handelswege beschlossen. Die Chronik von János Thuróczy (1488) schildert die Äußerlichkeiten des hochkarätig besetzten diplomatischen Ereignisses auf eindrucksvolle Weise:

«Zum Mittagessen des Königs von Böhmen wurden durch die Freigebigkeit des Königs von Ungarn jeden Tag zweitausendfünfhundert Brote und eine große Zahl von königlichen

Speisen gereicht; den Pferden wurden täglich fünfundzwanzig Metzen Futter gegeben. Zum Mittagessen des Königs von Polen tausendfünfhundert Brote und Speisen in großer Zahl; an Wein wurden hundertachtzig Faß ausgeschenkt. Der König von Ungarn beschenkte den König von Böhmen auch mit wertvollen Kleinodien, wie mit fünfzig silbernen Kannen, zwei Köchern, mit zwei Gürteln, mit einem wunderschönen Schachbrett, mit zwei Sätteln von unschätzbarem Wert, mit einem Dolch mit Gürtel, der zweihundert Silbermark wert war, und mit einer Perlmuschel, mit wunderbarer Arbeit verziert.»

In der Tradition des Dreikönigtreffens stand die Begegnung der Staats- und Regierungschefs der Republiken Ungarn, Tschechoslowakei und Polen im Februar 1991 im Rittersaal des Schlosses Visegrád, bei der schöne Prinzipien der Zusammenarbeit der jungen Demokratien vereinbart wurden. Allerdings erwies sich diese Koalition als ebenso ephemer wie ihr mittelalterliches Vorbild. Die Regeln der europäischen Weltpolitik bestimmten schon damals die westlichen Staaten, und das jeweilige Stapelrecht war allezeit stärker als osteuropäische Gemeinsamkeiten.

Die schöpferische Seite der Anjouzeit demonstrierte der Fortschritt des städtischen Handwerks, des Bergbaus, der Viehzucht und des Viehhandels sowie der Kultur im weitgefaßten Sinne. Ein ergreifendes Dokument dafür ist die Urkunde von Papst Urban V. aus dem Jahr 1367: «Auf den Rat Unserer Brüder ordnen Wir an, daß in der Stadt Pécs eine Universität bestehe und daß sie dort ewig blühen möge, mit einer Fakultät des kanonischen Rechtes, des römischen Rechtes, sowie mit jedweder zugelassenen Fakultät, ausgenommen die theologische: außerdem, daß die dortigen Professoren und Studenten alle jene Freiheiten und Vorrechte genießen mögen, die den Doktoren, Professoren und Studenten der Universität im allgemeinen zustehen. Wir wollen auch, daß der jeweilige König von Ungarn für die Magister und Doktoren der Universität für eine entsprechende Besoldung sorge, im entgegengesetzten Falle verliert vorstehender Brief seine Gültigkeit.»

Leider erwies sich der Tempel der weltlichen Wissenschaftlichkeit als kurzlebig. Wir nehmen an, daß die Besoldung der Gelehrten stets in Frage gestellt wurde, wenn andere Staatskosten wie etwa diejenigen, die dem Prunk des Hofes oder der Aufrechterhaltung des stehenden Heers dienten, Vorrang erhielten. So war den ungarischen Universitäten keine «ewige Blüte» beschert, vielmehr mußten sie immer wieder neu gegründet werden.

Bewaffnete Kämpfe sind untrennbar mit dem mittelalterlichen Herrschen verbunden, und es hat wenig Sinn, sie in Angriffs- und Verteidigungskriege aufzuteilen. Die Ausweitung der geographischen Grenzen gehört ebenso zur Prävention wie die äußerst komplizierte Ehepolitik, und beide sind zugleich unaufhörliche Quellen neuer Zusammenstöße. Die Idee eines völkerrechtlich garantierten dauerhaften Friedens existierte höchstens im Traum der Dichter. Den Faden des Diskurses von Augustinus' «pax aeterna» wird erst Hugo Grotius wieder aufnehmen. Alle europäischen Staaten dieser Zeit sind grundsätzlich kriegführend.

Die von den Anjous eingeleiteten Feldzüge waren für Ungarn im doppelten Sinne fatal. Erstens erschöpften sie die Ressourcen des Landes, das sich von dem verheerenden Angriff der Mongolen soeben halbwegs erholt hatte. Zweitens richteten die beiden Könige ihre nostalgischen Eroberungsgelüste vornehmlich auf den Südwesten, auf Neapel und Sizilien, während sich im Südosten bereits das Osmanenreich im Aufstieg befand und eine tödliche Bedrohung für sämtliche Nachbarn bedeutete. In diese Himmelsrichtung trieb der Ehrgeiz Ludwig I. höchstens zu einer gewaltsamen katholischen Bekehrung der Orthodoxen und der ketzerischen Bogomilen. Er wollte als «Fahnenträger der Kirche» in die Geschichte eingehen und sehnte sich womöglich wie jeder ungarische Herrscher, der etwas auf sich hielt, auch nach dem lukrativen Titel des römisch-deutschen Kaisers.

Die beiden Feldzüge gegen die italienische Verwandtschaft (1347, 1350) waren von persönlichen Rachegefühlen motiviert: Ludwigs Bruder Andreas wurde im Auftrag seiner Gattin, der Fürstin Johanna, von Meuchelmördern umgebracht. Das Ziel des darauffolgenden Militärschlages bestand darin, so die zeitgenössische Kriegsrhetorik, «die Neapolitaner zu zwingen, aus dem Hintern des Esels Feigen zu fressen». Das Ergebnis schlug als Zorn sowohl des Papstes als auch Venedigs auf Ungarn zurück. Obendrein war es leichter, das mediterrane Königreich zu besetzen als es zu behalten. Zwar gehörten Kroatien, Dalmatien und Slawonien formal zu Ungarn, als Hinterland waren sie jedoch ziemlich unsicher.

Außerdem verdankten die Ritterkönige und ihre Nachfolger den relativ breiten Spielraum lediglich der damaligen Situation des Kontinents: Das 14. und das beginnende 15. Jahrhundert verliefen im Zeichen des Hundertjährigen Krieges zwischen England und Frankreich, des Papsttums von Avignon, das in das Schisma des westlichen Christentums mündete, während die deutschen Fürsten miteinander beschäftigt waren. Aber selbst ein stabiles Europa hätte nichts gegen den immer näher rückenden Ernstfall ausrichten wollen oder können.

Nach den üblichen Erbkämpfen, die auf Ludwigs Tod folgten, einigten sich die Barone und ihre Klientel aus dem niederen Adel auf die Person des Fürsten Sigismund aus dem Hause Luxemburg. Dieser erbte neben der Heiligen Krone den Widerstand der oppositionellen Fraktion des Hofadels – zumeist Anhänger des Kandidaten der Sippe Anjou –, den desolaten Zustand des Landes und nicht zuletzt die türkische Gefahr. Im dritten Jahr seiner Herrschaft wurde die Schlacht auf dem Amselfeld geschlagen, die für Serbien den Untergang und die jahrhundertelange Türkenherrschaft zeitigte.

Dieses dramatische Ereignis, dessen Folgen bis in unsere Tage reichen – im Internet wird ihm sogar eine eigene Website (www.amselfeld.com) gewidmet –, bedeutete für Ungarn zunächst nur die trockene geographische Tatsache, daß es nun eine gemeinsame Grenze mit dem am besten aufgerüsteten und am stärksten religiös indoktrinierten Reich der damaligen Welt besaß. Einige Jahre später scheiterte Sigismunds Versuch, die Gefahr durch eine als «europäischen Kreuzzug» gerühmte, in Wirklichkeit aber mehr als bescheidene Aktion zu bannen. In der Schlacht bei Nikopolis erlitten die späten Kreuzritter eine Niederlage.

Nichtsdestoweniger verliefen die fünfzig Jahre des Luxemburgers so, als wäre das Land keineswegs tödlich bedroht gewesen. Offensichtlich fand der europäisch gebildete Polyglott Sigismund wenig Lust an seinem ungarischen Thron. Nachdem ihn die verfeindete Hofpartei 1401 festgenommen hatte, um ihm weitgehende Zugeständnisse abzupressen, schien er noch weniger motiviert zu sein. Den größten Teil seines Königtums verbrachte er außer Landes, meistens in Prag, und errang 1410 neben der böhmischen auch die römische Kaiserkrone. Gekrönt wurden seine Verdienste um die Aufhebung der Kirchenspaltung auf dem Konzil von Konstanz 1419.

Hierzu lud er den Prager Magister Jan Hus ein, damit dieser seine ketzerischen Ansichten im offenen Disput verteidige. Und obwohl Sigismund ihm freies Geleit versprochen hatte, endete der Reformer nach langer Folter auf dem Scheiterhaufen. Trotzdem findet der ansonsten nüchterne Chronist Thuróczy noch im selben Jahrhundert Lobesworte für den Herrscher: «Was das Antlitz und die Statur anbelangt, war der Kaiser Sigismund ein ziemlich ansehnlicher Mann; der größte Schöpfer der Welt hatte ihn mit einem welligen, bläulichen Haar und mit einem freundlichen Blick gesegnet. Aus Liebe zu den Ungarn trug er einen langen Bart, da auch diese einst lange Bärte trugen.»

Als der bärtige Liebhaber der Ungarn 1437 im mährischen Znaim (Zólyom) starb, war seine Lieblingsprovinz bereits von verfeindeten Oligarchen zerstückelt.

János Hunyadi

Einer von diesen Oligarchen war ein Halbrumäne, der in der serbischen Tradition als Nationalheld Jank Sibinjanji (Johann von Hermannstadt) heimisch geworden ist. In Italien wäre er ein Condottieri, ein Söldnergeneral ersten Ranges, Objekt künstlerischer Begierde von Renaissancemalern gewesen. In Ungarn ist Hunyadi ein Feldherr geworden, der durch seine Kriegskunst die jeweilige Zentralmacht gestärkt, wenn nicht ersetzt hat. Die Autorität dieses aus dem niederen Adel stammenden Mannes, den etliche Zeitgenossen für den unehelichen Sohn von König Sigismund hielten, rührte aus seiner klaren Zielsetzung her. Um das Türkenheer von den Grenzen des Landes fernzuhalten, war er bereit, sich mit allen zu verbünden: mit dem fanatischen Franziskaner Johannes von Capistrano ebenso wie mit den Papstfressern von Hussiten, mit Fürsten nicht weniger als mit Leibeigenen.

In all seinen prunkvollen Würden – als Wojwode von Siebenbürgen, Graf von Temesch, Generalkapitän oder gar Gubernator, das heißt Reichsverweser (zwischen 1440 und 1452) von Ungarn – verfolgte er einzig und allein das Ziel, die Osmanen zu stoppen. Augenscheinlich handelte er dabei ohne Illusionen. Gegenüber Papst Eugen klagte er taktvoll die mangelnde westliche Bereitschaft ein, «das Gewicht des gemeinsamen Schlages durch gemeinsame Entschlossenheit zu mildern». In seiner Epistel beschwerte sich Hunyadi über eine seiner wenigen Niederlagen (Varna 1444) und beschwor den Pontifex maximus, «die ungebrochene, dennoch gebogene Kraft des Volkes Christi möglichst schnell unter seine väterliche Obhut zu nehmen». Schließlich sei bei Varna nicht nur der christliche Polenkönig Wladislaw I., sondern auch der päpstliche Nuntius Julianus gefallen.

Einige Jahre später argumentierte er noch nachdrücklicher: «Die größte Hoffnung, die Versklavung der Christenheit abzuwehren, bietet das feste Vorhaben: entweder wäre es besser, keinen Krieg zu raten und zu beginnen, oder wenn wir schon den Rat angenommen haben und den Krieg begannen, dann diesen so durchzuführen und abzuschließen, wie es die Würde der großen Sache verlangt. Dennoch werden wir ihn abschließen, wenn wir auf den Zusammenstoß drängen, und damit nicht aufhören, solange wir unsere Hoffnung durch die Vertreibung des Gegners aus Europa nicht erfüllen.»

Eugen, später Nikolaus und wie Roms Bischöfe noch hießen, dachten nicht daran, der osteuropäischen Christenheit effektive militärische oder finanzielle Hilfe zukommen zu lassen. So mußte Hunyadi die Last des Kampfes größtenteils selber tragen, und als er in der Schlacht bei Belgrad im Juni 1456 die Soldaten von Sultan Mehmed II. in die Flucht schlug, beschränkte sich die Dankbarkeit des Heiligen Stuhls darauf, den historischen Sieg durch das tägliche Mittagsgeläute der europäischen Glocken zu verewigen.

Als einige Wochen später der siegreiche Feldherr im Krankenhaus von Zemun an der Pest starb, wurde sein kühnes Projekt, die Osmanen aus dem Kontinent – das heißt aus Serbien, Bulgarien und Albanien – zu vertreiben, ebenfalls begraben. Angesichts der Tatsache, daß Konstantinopel bereits drei Jahre vorher (1453) gefallen und zur türkischen Hauptstadt erklärt worden war, können wir die Schlacht bei Belgrad bei allem Heldentum höchstens als den letzten erfolgreichen Akt eines hoffnungslosen Defensivkriegs betrachten.

Matthias oder die verkleidete Gerechtigkeit

Ungarns Könige von Albrecht dem Habsburger über Wladislaw I. Jagiello bis zu László V. herrschten damals am wenigsten von Gottes Gnaden, sondern eher durch die Gunst der Hofparteien. Die mächtige Liga um den Palatin László Gara und den Magnaten Ulrich Cillei verhalf ihren Marionetten zum Thron und wollte nun den Clan Hunyadi entmachten, nicht zuletzt, um dessen immenses Vermögen – mehr als zwei Millionen Hektar Land sowie zahlreiche Städte und Tausende Dörfer samt Leibeigener – an sich zu reißen.

Schließlich gewann die Clique um den Erzbischof von Gran, János Vitéz, Oberhand. So wurde im Januar 1458 der fünfzehnjährige Matthias (Mátyás) Hunyadi vom bewaffneten Adel auf dem Eis der Donau zum König erkoren und der Schwager des verstorbenen «Türkenbezwingers» Mihály Szilágyi als sein Vormund zum Reichsverweser ernannt. Diese Wahl war ein Triumph der Idee vom «nationalen König», durch die ausländische Einflüsse auf Ungarns Geschicke begrenzt werden sollten. Gleichzeitig zog mit dem jungen Hunyadi der europäische Zeitgeist in die beiden Hauptstädte Buda und Visegrád ein.

Matthias gelang es nach langen inneren Fehden, den gesamten Adel um sich zu vereinigen, die zerrütteten staatlichen Strukturen zu festigen und eine starke Armee zu gründen. Bereits zu Lebzeiten war er von Legenden umgeben. Diese handelten von einem Herrscher, der streng und gerecht war und dem vor allem das Wohl seines Volkes am Herzen lag. «Wenn er keinen Krieg führte», so steht es in einem *Lesebuch für höhere Volks- und Gewerbeschulen* (1874), «und die Sorgen des Landes ihm noch ein wenig Zeit ließen, machte er Rundreisen im Lande, um in Erfahrung zu bringen, ob das Glück des gemeinen Volkes nicht verhindert wird. (...) Zumeist verkleidete er sich und bewanderte mal als Jäger, mal als Scholar die einzelnen Gegenden, so daß man im Königshof oft nicht wußte, wohin er verschwunden war.»

«Wenn er keinen Krieg führte» – lesen wir und wissen dabei, daß fast kein Jahr seiner Herrschaft (1458–1490) ohne irgendeinen Feldzug verging. Wenn wir noch die Arbeit an der Gesetzgebung, die Festlichkeiten in Visegrád sowie das turbulente Familienleben des Königs dazurechnen, so blieb ihm für seine Wohltaten nicht mehr viel Zeit übrig. Trotzdem mischte er sich laut Meinung des Volkes immer wieder unter die armen Leute, um diese vor den Übergriffen der Mächtigen zu schützen.

Ein bleibendes Denkmal dieser edlen Leidenschaft wurde sowohl im nationalen Anekdotenschatz als auch in der Poesie errichtet. Der Romantiker Mihály Vörösmarty (1800–1855) verewigte in einer Ballade den König als Jäger, der im Wald von Vértes den alten Haudegen Peterdi und dessen schöne Enkelin Ilonka erblickt. Das Mädchen verliebt sich in den jungen Unbekannten, der die beiden nach Buda einlädt. Sie kommen dann in dem Augenblick in die Hauptstadt, als Matthias von einem seiner ruhmreichen Feldzüge zurückkehrt und vom Volk bejubelt wird. Das arme Mädel stirbt bald an Liebeskummer. Die Entfaltung der großen Liebe, so lernte ich wortwörtlich aus einem Schulbuch der fünfziger Jahre, wurde «durch die Klassenschranke des Königs vereitelt».

Der real existierende Matthias Corvinus war ein starker Herr seiner Untertanen und ein im ganzen Europa respektierter Staatsmann. Umgeben von einer mehrheitlich italienischen oder in Padua, Ferrara und Venedig ausgebildeten Elite, baute er eine blühende humanistische Kultur auf, die jedem Renaissancefürsten zum Ruhm gereicht hätte. Seine aus 2000 Büchern (sogenannte «Corviniana») bestehende Bibliothek gehörte dazu ebenso wie eine der ersten europäischen Druckereien in der Budaer Burg. Besonders nach seiner zweiten

Ehe mit der Königstochter aus Neapel, Beatrix, erschienen in Ungarn, wie der Hofchronist Antonio Bonfini berichtet, Maler, Bildhauer, Reliefmacher, Holzschnitzer, Silberschmiede, Steinmetze, Schauspieler, Musiker, Astronomen, Mediziner, Mathematiker und Juristen. Er «wollte Pannonien zu einem zweiten Italien machen».

Ein anderer Italiener, der Historiker Galeotto Marzio, erzählt mit sichtlichem Genuß von den Tischgewohnheiten am Hof des Epikureers: «Alle bekommen das Essen aus einer gemeinsamen Schüssel, und niemand verwendet eine Gabel, wenn er sich einen Bissen nimmt oder in das Fleisch hineinbeißt, wie das jetzt in Italien jenseits des Po häufig Sitte ist. Vor jedem liegt ein Stück Brot, er nimmt sich aus der gemeinsamen Schüssel das Stück, das ihm gefällt, und nachdem er einen Bissen zerkleinert hat, führt er es mit dem Finger zum Mund. Bei den Ungarn sind keine Speiseträger üblich, so daß man bei den reichen und reichhaltigen Speisen die Hände und die Kleider nur unter den größten Schwierigkeiten vor der Verunreinigung bewahren kann, weil der abtropfende safranhaltige Saft einen manchmal vom Scheitel bis zur Sohle bespritzt.»

Die Einsamkeit des Humanisten

Der erste ungarische Dichter, der diesen Namen verdient, hieß ursprünglich nach seinem slawonischen Geburtsort János von Csezmice, schrieb lateinisch und wählte erst später das poetische Pseudonym Janus Pannonius (1434–1472). Insgesamt elf Jahre seines kurzen Lebens, das ungefähr zeitgleich mit demjenigen von François Villon (1431–1463) verlief, studierte und dichtete er in Italien. Erst die Inthronisierung von Matthias nahm er zum Anlaß, in das «barbarische» Heimatland zurückzukehren und als Bischof von Fünfkirchen, später als Vizekanzler und Hofdichter seinem Herrn zu dienen.

Janus träumte von einer Blütezeit des Friedens und der Kultur, die aus dem rückständigen Magyarország Pannonien machen würde. Das Paradoxe an diesem Traum zeigte sich in der Tatsache, daß die einzige Sprache, in der er ihm Ausdruck verleihen konnte, die *lingua latina* war, ein Geheimwissen der Geistlichen, Diplomaten und Scholare, also einer schmalen Elite, die sich um den berühmten Marmorbrunnen von Visegrád versammelte – von den damals ungefähr vier Millionen Ungarn war sie ein paar Hundert verständlich. Kein Wunder, daß sich der Dichter Pannonius in der Rolle als Höfling immer schlechter fühlte, zumal seine kirchliche Würde ihn zunehmend daran hinderte, weiterhin Liebesepigramme und Spottgedichte auf die Päpste zu schreiben. Schließlich beteiligte er sich an einer Verschwörung gegen den von ihm oft besungenen Herrscher und starb auf der Flucht vor der königlichen Rache.

Sein Humanismus war keine bloße Ideologie, sondern ein Lebensgefühl, dem er eine feine ironische Form zu verleihen vermochte. So in der *Rechtfertigung meines Fernbleibens von der Schlacht* (1464):

Kriegführende Fürsten, bezichtigt mich bitte nicht spöttisch,
folgt ich dem König ins Feld, daß ich ein Hasenfuß sei,
nur weil ich niemals bewaffnet den Feinden entgegen marschiere,
nie vor belagerter Burg stürmend die Leitern ersteig!
Wenn ich tatenlos zusehe, wie sich die anderen schlagen,
glaubt mir, dann ist es nicht Angst, was mich zur Vorsicht gemahnt.
Sicher erstrebt doch ihr Helden für euch lange währende Ehre:
Das macht die Wunden euch leicht, das macht willkommen den Tod.
Doch wenn irgendein Unglück den kämpfenden Dichter hinwegrafft,
wer singt dann eurem Tod, eurem Begräbnis ein Lied?

(Aus dem Lateinischen von Volker Ebersbach)

Die Einsamkeit des Machthabers

Der königliche Bibliophile erhielt im Jahre 1471 einen Urdruck aus der römischen Typographie «Lauer». In seinem Dankesbrief an den «Pomponius Laetus» genannten Auftraggeber lobt er die schöne Ausgabe des Werkes von Silius Italicus über die Kriege der Römerzeit. «Schon in unserer Jugend hatten wir Silius liebgewonnen; jetzt, da auch wir uns unter Armeen aufhalten, haben wir ihn desto lieber, da auch er die Heere besingt. Dennoch können wir es nicht leugnen, daß das Schicksal der Könige traurig ist, weil sie gezwungen sind, Kriege zu führen; denn häufig triumphieren sie zwar, doch immer um den Preis von Blutvergießen. Wir wollen den Krieg natürlich nicht, wenn er uns aber aufgezwungen wird, können wir nicht ausweichen; dies macht das Ansehen unserer Nation, unsere verletzten Rechte und die Absichten unserer Feinde erforderlich!»

Seine Söldnerarmee, das auch als Hausmacht dienende «schwarze Heer», eroberte nach und nach Böhmen, Schlesien, Mähren, die Steiermark und Kärnten und zog 1485 in die Kaiserstadt Wien ein. Die nördliche Stoßrichtung von Matthias' Feldzügen war insofern berechtigt, als die Habsburger immer offener die Rechtmäßigkeit des «nationalen Königtums» in Frage stellten. Trotzdem können wir im Fall von Matthias Hunyadi ebenso wie seiner Vorfahren aus der Dynastie Habsburg feststellen, daß die Vernachlässigung der Grenzen im Südosten Ungarn – nun bereits kurzfristig – den Eroberungsgelüsten der Hohen Pforte von Istanbul ausgeliefert hatte.

Zudem stellte sich bereits zu Lebzeiten des Königs die Gretchenfrage jedes absoluten Herrschers: die Erbfolge. Mátyás hatte aus seinen beiden Ehen (mit Katharina Podiebrad und Beatrix von Neapel) keine Kinder, dafür einen von ihm heißgeliebten unehelichen Sohn János Corvin. Angesichts der Tatsache, daß die 32 Jahre seiner Herrschaft im ständigen mal offenen, mal versteckten Kampf gegen die kirchliche und weltliche Oberschicht vergingen, konnte er sich über die Loyalität der Magnaten in dieser Frage nach seinem Tod kaum Illusionen machen. Als er am 6. April 1490 in Wien einen Schlaganfall erlitt, war er womöglich der einsamste Mensch in seinem ruhmreichen Imperium.

Matthias gehört zu den populärsten Gestalten der ungarischen Geschichte. Sein Beiname «der Gerechte» spricht zumindest dafür, daß das Volk nach den «Heiligen» und «Großen» Herrschern einen Souverän bevorzugte, der die kleinen Leute gegen die Willkür der Mächtigen verteidigen konnte. Zwar forderten Matthias' kostspielige Kriegskunst und prunkvolle Hofhaltung ausgerechnet den Armen gewaltige Opfer ab und brachten das Land an die Grenze der Belastbarkeit. Dennoch besteuerte er die Wohlhabenden gleichermaßen streng und, was wichtiger war, setzte er eine Rechtssicherheit durch, von der seine Vorfahren nur träumen konnten.

Er selbst hat den eigenen Nimbus bewußt gefördert, um das Schicksal des Landes auch nach seinem Ableben beeinflussen zu können. Die finsteren Zeiten nach seinem Tod haben ihn bestätigt. «Die Ungarn», berichtet Bonfini, «wissen nun, welch einen großen König sie verloren haben; sie beweinen ihn öffentlich von Dorf zu Dorf, von Stadt zu Stadt und erheben ihn über alle vergangenen und zukünftigen Könige.» Ein Sprichwort aus dieser Zeit bezeugt Ähnliches: «Matthias ist tot, die Gerechtigkeit dahin.»

Der brennende Thron

Ob die Gerechtigkeit tatsächlich erst mit dem großen Renaissancefürsten verschwunden ist, sei dahingestellt. Tatsache ist jedoch, daß der Traum vom nationalen Königtum gleich nach Matthias' Ableben zunächst ausgeträumt war. Die in Wien versammelten Magnaten stritten heftig um die Option Habsburg oder Jagiello, während dem Leichnam des Verblichenen, wie wir dem Chronisten Ludovicus Tubero entnehmen, «bereits ein schwerer Geruch entströmte». Schließlich einigten sich die Barone auf die Person von Wladislaw Jagiello (1490–1516), den König vom Böhmen, Sprößling einer Dynastie, die Matthias als ihren Erzfeind betrachtete. Der uneheliche Sohn János verzichtete auf sein Erbrecht und wurde dafür mit einem beträchtlichen Vermögen entschädigt.

Um die mächtigen Habsburger («Deutsche») nicht zu beleidigen, ließen die Magnaten auf dem Landtag 1505, der ansonsten «im Prinzip» die Institution des gewählten nationalen Königs befürwortete, ein kompliziertes juristisches Verfahren ausarbeiten für den von ihnen erhofften Fall, daß Wladislaw – wegen seines bügelfreien Charakters als «László Dobře» (Ladislaus «In Ordnung») verspottet – keinen männlichen Nachfolger haben sollte. Offensichtlich trotzte ihnen der ansonsten willige König wenigstens in dieser Frage, denn ein Jahr später ging aus seiner Ehe mit der französischen Prinzessin Anne de Foix der Thronerbe Lajos (Ludowyk) II. hervor. Für alle Fälle wurde er noch als Kind mit der Habsburgerprinzessin Maria verlobt.

Die Barone haben jedoch offensichtlich die Rechnung ohne den Wirt gemacht. Außer ihrer «Hofpartei», deren herausragender Führer Matthias' ehemaliger Sekretär Tamás Bakócz, der Erzbischof von Gram, war, existierte noch eine «nationale» Fraktion um den Wojwoden von Siebenbürgen, János Szapolyai, und dessen «Chefideologen», den Juristen und späteren Palatin (oberster Vertreter des Königs) István Verbőczy. Beide Seiten operierten mit der wachsenden Unzufriedenheit sowohl der Armen als auch der Mittelschichten wegen der brutalen Steuerpolitik und der offen zu Tage tretenden Verschwendung und Korruption der Herrschenden. Der Mißmut richtete sich zunächst gegen die tschechische Begleitung des Königs und führte beinahe zu einem inneren Krieg.

All diese Erscheinungen hatten keine spezifisch ungarischen Züge, vielmehr waren sie typisch für das gesamte europäische Spätmittelalter. Die besonders bittere Dramaturgie der Ereignisse ergab sich aus der immer konkreter werdenden türkischen Bedrohung und Europas Situation an der Schwelle der Neuzeit. Die Entstehung des habsburgischen Imperiums, die Entdeckung Amerikas, die wachsende Rolle von Spanien, Portugal, Frankreich und Venedig führten zu einer Schwächung der katholischen Kirche, deren Kraft bereits die Hussitenkriege stark in Mitleidenschaft gezogen hatten.

Tamás Bakócz besaß den Ehrgeiz, sich auf ein höchst riskantes politisches Spiel einzulassen. 1513 zog er mit unerhörtem Pomp nach Rom zur Papstwahl ein. Offenkundig stand hinter seinem Vorhaben der Plan, als Bischof Roms eine effektivere Hilfe gegen die osmanische Bedrohung durchzusetzen und gleichzeitig die Machtfrage in Ungarn in seinem Sinne lösen zu können. Allerdings stimmten die Bischöfe nicht für ihn, sondern für den ebenfalls steinreichen Giovanni Medici, der nun als Papst Leo II. Peters Tiara erhielt, ohne natürlich zu ahnen, wie schwer ihm einige Jahre später ein Wittenberger Augustinermönch namens Dr. Martin Luther diesen Job machen würde. Um den Konflikt mit dem Machtmenschen Bakócz zu vermeiden (schließlich hatte man das Papsttum von Avignon noch frisch in Erinnerung), beauftragte er den Erzrivalen, einen Kreuzzug gegen die Türken einzuleiten – übrigens wohl den einzigen, der außer Raubgut und antijüdischen Pogromen auch etwas Gutes bewirken konnte.

Der Erzbischof von Gram, selbst bäuerlicher Herkunft, versammelte das einfache Volk und ernannte (wohl mit dem «dobře» seines Königs) den Szekler (siebenbürgischen) Adeligen György Dózsa, der sich bereits im Kampf gegen die Türken ausgezeichnet hatte, zum Heeresführer. Im Frühjahr 1514 stand die von den Franziskanern zusammengerufene Armee bereit, aber den Herren beider Parteien wurde es angesichts der mit geradegemachten Sensen herumziehenden leibeigenen Kreuzritter mulmig. So setzten sie bei dem flexiblen Wladislaw die Absage des Heiligen Krieges durch, und dies im Mai, zwei Monate vor der Ernte. Dózsa, eine Mischung aus Florian Geyer und Michael Kohlhaas, richtete nun die Waffen gegen die Großherren. In seiner Rede auf dem Marktplatz von Cegléd brachte er sämtliche Vorwürfe auf den Punkt, welche das arme Volk vielleicht noch zu Zeiten des Gerechten Königs in sich trug: «Wer von den Adligen hat den Grund gelegt zu allen Dingen, ob sie nun große Anstrengung oder wenig Arbeit gekostet haben, wenn es nicht zu Lasten eurer Arbeit und auf Eure Kosten erfolgt ist? Denn wenn der Adlige baut, wenn er sich eine Frau nimmt, wenn er seine Tochter verheiratet, wenn er irgendwo zu Gast ist, wenn er geboren wird, wenn er stirbt, wenn er vor den König tritt in seiner Angelegenheit, immer lädt er euch Steuern auf. Nie macht er etwas, ohne euch stark zu belasten. Wer duldet das, wenn er Verstand hat?»

Er versprach seinen Anhängern, ihnen ähnlich, «wie seinerzeit der Herrgott die Juden aus der ägyptischen Sklaverei befreit hatte», zu Wohlstand und Menschenwürde zu verhelfen. «Ungarische Männer! Wie lange duldet ihr diese Ungerechtigkeiten? (...) Es gibt keinen Mittelweg: Entweder müßt ihr den Adel ausrotten oder aber ihr zahlt euren stolzesten Feinden Tribut um den Preis eures Blutes und ewiger Knechtschaft. (...) Denkt nicht, daß ich selbst euch in die Krise treibend der Gefahr aus dem Wege gehe. Ich erkläre mich als euer Führer in der Wiedererlangung eurer Freiheit und schwöre, so soll mir Gott beistehen, daß mir weder der Mut noch die Ehre fehlen wird, wenn es um Anstrengung und Bedrohung geht.» In dieser Kriegserklärung, die ein anderer Chronist, Stephanus Taurinus, auf lateinisch sogar in Versform verewigt hat, fehlte

nur noch das Jahrhunderte später entdeckte Wort Klassen-
kampf, und sei es in Form von Bandenkrieg.

Die ihrer Legitimation beraubten Kreuzfahrer schlugen mit
nicht weniger Brutalität um sich als ihre kirchlich gesegneten
Vorfahren. Überall brannten Herrenschlösser, es wurde ge-
mordet, geplündert, gerächt. Eine zeitgemäße Rüstung fehlte
den Freischärlern jedoch ebenso wie ein irgendwie geartetes
Programm.

Der Wojwode Szapolyai zerschlug in einigen Monaten die
Bauernarmee, und es folgte eine beispiellose Rache: Dózsás
öffentliche Hinrichtung fand in Temesvár (Timisoara) statt. Er
wurde mit flammender Krone auf dem Kopf auf einen brennenden Thron gesetzt, als «Stinkbauer» verhöhnt, und Kampfgefährten wurden angeblich, bevor sie das Schicksal ihres Führers teilten, dazu gezwungen, von seinem lebendigen Leib zu
essen. Dózsas Stellvertreter, seine Unterführer wie der Pater
Lorenzo, endeten auf dem Scheiterhaufen. Das Bild mit den
brennenden Insignien blieb für Jahrhunderte wie ein Emblem
in das ungarische Bewußtsein eingeprägt. Juristisch wurde die
neue Lage in § 14 des Dekrets VII von König Wladislaw verankert, was jedoch als das Tripartitum (Dreigesetzbuch) des
federführenden Palatins István Verbőczy in die ungarische
Rechtsgeschichte eingegangen ist. Der Schlüsselsatz war zweifelsohne maßgebend für die anbrechende ungarische Neuzeit:
«Damit die Erinnerung an ihren Verrat und dessen zeitweilige
Bestrafung auch auf die Nachfahren übergehe und jedes Menschenalter weiß, welch große Sünde es ist, sich gegen die Herren aufzulehnen (…), sollen sämtliche im Lande wohnenden
Bauern (…) wegen ihrer Untreue die Freiheit, von einem Ort
zum anderen zu übersiedeln, verlieren und gleichsam ihren
Grundbesitzern zur unbedingten und ewigen Knechtschaft
unterworfen sein.»

Selbstverständlich wäre es völlig unhistorisch, es der feudalen Oberschicht eines Landes *eo ipso* übelzunehmen, die Re-

bellion ihrer Untertanen abgewehrt zu haben. Das Maß der Rache und der Versklavung zeigt jedoch, daß der Terror – wie oft in der darauffolgenden ungarischen Geschichte – einer verspäteten Angstreaktion und purem Haß entsprungen war und in seiner Kurzsichtigkeit jeden späteren Dialog zwischen der nun künstlich gespaltenen «Nation» (Adel) und dem «Volk» (Gemeinbürger) erschwerte.

Dabei war der Autor der ungarischen «zweiten Leibeigenschaft», Verbőczy, keine Bestie, sondern ein nach allen Kriterien der Renaissance humanistisch gebildeter Intellektueller. Auf seinem Schreibtisch lagen in jenem verhängnisvollen Jahr neben Hinrichtungslisten und Kriegsberichten auch schöngeistige Anträge, wie jener, in dem der mächtige Mann um eine gedruckte Ausgabe der Gedichte des von Verbőczy hochgeschätzten Janus Pannonius gebeten wurde: «Was für schreckliche Zerstörungen durch die alles vernichtenden Kriege angerichtet wurden, das wissen jene, die sich in ihrer Eingebildetheit gegen sie gewendet haben. Als jedoch der günstigere Reichtum des Friedens den Ruhm sowohl des Landes als auch der Nation vergrößert hatte, rühmte allmählich die süße Schönheit der blassen Minerva unsere Menschen. Wie weit wir in so kurzer Zeit auch in unserer Kunst gelangt sind, davon zeugt am beredsten Janus Pannonius, der Dichter mit feinen Fähigkeiten und hehrem Flug.»

Mohács als Metapher für den nationalen Tod

«Der 29. August 1526 war ein unglücklicher Tag, wie ihn die ungarische Nation weder davor noch danach erlebt hat.» «29. August, der Tag der Enthauptung des Johannes, war auch der Tag der Enthauptung der ungarischen Nation.» Solche Formulierungen unterschiedlicher Schulbuchautoren des 19. Jahrhunderts lassen bereits erahnen, daß sie diesen Stoff nicht als einfache historische Materie behandeln können, sondern ihm eine enorme emotionale Bedeutung zumessen. In der Tat erlangte jener Tag im historischen Gedächtnis der Ungarn einen Stellenwert wie etwa die Schlacht auf dem Amselfeld (1389) für das serbische oder die Schlacht am Weißen Berg (1620) für das tschechische Nationalbewußtsein. Die bei der Stadt Mohács gegen das Osmanische Reich erlittene Niederlage diente als Sinnbild der nationalen Selbstvernichtung und als Vergleichsbasis für alle späteren Katastrophen.

Die tiefe Überzeugung, nach der die Verwüstung Ungarns durch das Türkenheer eine Strafe Gottes war, teilten bereits die Zeitgenossen. Der protestantische Geistliche András Farkas zog 1538 in seinem in Krakau erschienenen Werk *Über die jüdische und ungarische Nation* eine direkte Parallele zur Bibelgeschichte. Beide Nationen, so heißt es, erhielten vom Schöpfer ein Gelobtes Land und viele gute, fromme Könige. Da sich die Leute jedoch nicht an Gottes Gesetze hielten, wurden sie durch fremde Völker heimgesucht und dezimiert. Wie die Juden Salomons Tempel, so verloren die Magyaren ihre schönen Klöster, und ebenso wie die Hebräer in babylonische Gefangenschaft geraten waren, wurden auch zahlreiche Ungarn von den Türken versklavt.

Der Dichter Ferenc Kölcsey sah im 19. Jahrhundert in seiner bis heute gesungenen Hymne ebenfalls einen verhängnisvollen Zusammenhang. Nachdem er den Herrn für seine Wohltaten gegenüber den Ungarn gelobt hat, beklagt er sich:

> Doch ob unsrer Schuld erregt
> Zorn die Brust dir wieder
> Und dein Blitzstrahl zündend schlägt
> Aus der Wolke nieder.
> Der Mongolen Pfeil durchdringt
> Räubrisch Ungarnherzen
> Und im Türkenjoche ringt
> Unser Volk mit Schmerzen.

Was geschah wirklich?

Spätestens seit 1520 war bekannt, das Sultan Suleiman I. mit seinem Heer von ungefähr 200 000 Soldaten und mit der modernsten Artillerie der damaligen Zeit einen Feldzug gegen Ungarn vorbereitete. Eine nach der anderen fielen die Grenzburgen, unter ihnen das von János Hunyadi erfolgreich verteidigte Belgrad.

Währenddessen tat die nun dem «Volk» gegenüberstehende «Nation» (das heißt der Adel) immer noch so, als sei sein wichtigstes Problem das des «nationalen» oder «fremden» Königtums. Die Barone lehnten sich immer mehr an das Haus Habsburg an, während die Gönner des Wojwoden Szapolyai ihren Herren bereits auf Stephans Thron sahen.

Der junge Ludwig II. wandte sich vergeblich um Hilfe an die unterschiedlichsten europäischen Höfe, mit denen er vielfach in enger verwandtschaftlicher Beziehung stand. Er wandte sich durch Kuriere und Briefe an die tschechischen Stände, an Mähren, an Schlesien, an Frankreich, an Kaiser Karl und selbstverständlich an den Papst. Einen Eilboten sandte er zu seinem Schwager, dem Erzherzog Ferdinand, der zu dieser Zeit mit den anderen Fürsten beim Reichstag von Speyer versammelt war. Er flehte um militärische und finanzielle Hilfe. Niemand verweigerte ihm direkt die Unterstützung, aber sowohl die Waffen als auch die Beträge flossen langsamer, als es die sich unglaublich rasch entwickelnde Situation erfordert hätte.

Da im ungarischen Nationalbewußtsein die Meinung tief saß und bei jeder historischen Wende aktualisiert wurde, daß der christliche Westen, der Hunyadis Sieg über die Heiden noch unlängst durch das mittägliche Glockenspiel verewigen ließ, «die Säule der Christenheit» nun dem Todfeind ausgeliefert hatte, müssen wir uns mit diesem Vorwurf in aller Ernsthaftigkeit auseinandersetzen.

Zweifelsohne taten die zivilisierten Staaten Europas nicht einen Bruchteil dessen, was sie für Ungarn zu tun imstande gewesen wären. Einige von ihnen wie Zygmunts Polen standen sogar in einer mehr oder weniger freiwilligen Koalition oder wie Venedig in blühenden Geschäftskontakten mit der Hohen Pforte. Der Reichstag von Speyer empfand das Problem der Lutherschen «Ketzerei» im Deutschen Reich bestimmt dringender als die Sorge des kleingewordenen Königreichs am Rande Mitteleuropas. Es gab jedoch auch andere, keineswegs unbegründete Vorbehalte.

Der wichtigste von ihnen war die Zwietracht in Ungarn selbst, welche die Effektivität jeder Hilfe in Frage zu stellen vermochte. Niemand konnte dafür bürgen, daß das Geld tatsächlich nur in die königliche Schatzkammer fließen, beziehungsweise die Waffen allein der Bekämpfung der Osmanen und nicht etwa der gegenseitigen Befehdung der Hofparteien dienen würden. Mochte die gnadenlose Niederwerfung des Bauernaufstandes für Europa noch einigermaßen akzeptabel erscheinen, so scheint die Vertreibung der Fugger durch die «nationale Partei» zumindest Befremden und Zweifel am nüchternen Verstand der Herren an der Donau ausgelöst zu haben.

So oder so war das Königreich Ungarn in seiner Schicksalsstunde praktisch alleingelassen.

Der Tag

Sicherlich war der zwanzigjährige König, der nach zeitgenössischen Schilderungen bereits als Junge weiße Haare hatte, der Aufgabe nicht gewachsen, dem Ernstfall entsprechende Entscheidungen zu treffen. Er duckte sich nicht vor der Verantwortung, als er bereits mit 25 000 Kämpfern und achtzig Kanonen vor Mohács (heute Grenzstadt zu Serbien) stand und sich mindestens 70 000 kampfbereiten Türken und dreihundert Kanonen gegenübersah. Er hoffte bis zuletzt auf die Hilfe des Wojwoden Szapolyai, der mit seiner intakten Armee bei Szeged (schätzungsweise vier Tage Entfernung vom Schlachtfeld) wartete.

Im Lager der Ungarn herrschte allerdings große Ratlosigkeit. Einige waren der Meinung, der Zusammenstoß müsse zumindest verschoben werden. Andere befürchteten in diesem Fall die Schwächung der Moral der Armee, in der die Blüte des Adels vertreten war. Wieder andere hielten die Wahl des Erzbischofs Pál Tomori zum Heeresführer für einen grundlegenden Fehler (diese Meinung teilte übrigens auch der Betreffende selbst). Unklar war auch die Taktik, wie die Person des Königs verteidigt bzw. bei akuter Gefahr aus der Schlacht gerettet werden sollte.

Die romantische Erinnerung gibt sich geradezu balladesk: «Traurig nahm König Ludwig II. Abschied von seiner jungen Gattin und rannte in das Unheil. Er hatte jetzt die Ehre einer Nation zu verteidigen. (…) Als er sein Zelt verließ, fragte sein frommer Koch Illés Gondos, wo er seinen Herrn mit dem Mittagessen zu erwarten habe. ‹Gott weiß›, antwortete der König, ‹wo wir heute unser Mittagsmahl haben werden.›» Es war ein schöner, sonniger Morgen, der jedoch einige Stunden später in einen sintflutartigen Regen umschlug. Und ausgerechnet in den Nachmittagsstunden begann die türkische Attacke.

Der Chronist István Brodarics, der selbst an der Schlacht beteiligt war, schildert die Ereignisse in seiner «wahrhaften Beschreibung» (verissima descriptio), die 1527 in Krakau erschien. Dieser hervorragende Zeitzeuge und Analytiker gibt zu, nicht bemerkt zu haben, wann und unter welchen Umständen der König aus seinem schützenden Umfeld verschwand. Erst später stellte sich heraus, daß er mit seinem Pferd in dem naheliegenden, überschwemmten Bach Csele ertrank, wo einige Monate später auch sein Leichnam gefunden wurde. Mit ihm sollen zwanzigtausend ungarische Soldaten, unter ihnen «die Blüte der Nation» – Bischöfe, Grafen, Freiherrn und Ritter –, umgekommen sein.

Die Schlacht bei Mohács war zweifelsohne eine schwerwiegende Niederlage und angesichts der Kräfteverhältnisse der beiden Seiten war dies kein Wunder. Trotzdem erwies sich nicht das militärische, sondern das moralische Fiasko als tragischer. Ludwigs Tod stürzte das Land ins Chaos oder vielmehr machte er die ohnehin vorherrschende Wirrnis offenbar. Dieses Gefühl vermittelt Brodarics, als er das frische, schmerzhafte Erlebnis zu Papier bringt: «Wir haben unseren König verloren und erleiden nicht nur das, was wir vom Außenfeind zu erleiden haben, sondern uns quälen die inneren Fehden um die Person des neuen Königs, der an die Stelle des alten treten sollte, und wir hätten für unsere Sünden noch viel größere Schläge verdient.»

Immer gab es in Ungarn Historiker, welche die Zerschlagung von Ludwigs Heer nicht als die Katastrophe selbst, sondern nur als deren Ausgangspunkt betrachtet haben. Für sie spricht die Tatsache, daß Suleimans Heer, nachdem es unterwegs alles verwüstet und geplündert hatte, wegen einer Rebellion in Kleinasien ebenso schnell das Land verließ, wie man es angegriffen hatte. Der Feind, wundert sich Brodarics, «ließ nirgendwo eine Wache zurück, an keinem Ort zwischen der Donau und der Drau, das er besetzt hatte, nicht einmal in der Burg von Buda oder anderen Städten, sondern war gerade heimgekehrt».

Wenn wir bedenken, daß Sulejman, obwohl er durchaus auf die inneren Kämpfe des Landes Einfluß zu nehmen versuchte, einen neuen direkten Ungarnfeldzug erst 1540 begann, müssen wir doch annehmen: Die wahre Tragödie, auf die 150 Jahre Türkenherrschaft und die Dreiteilung des Landes folgten, lag eigentlich darin, daß die Nation nach August 1526 nicht mehr die Kräfte fand, nennenswerten Widerstand gegen die osmanische Bedrohung zu organisieren. Das wichtigste Problem des gesamten Mohács-Komplexes liegt in dieser erstaunlichen, aber ungenutzten Atempause.

Eine der letzten Beschreibungen der heilen Welt von Matthias' Buda liefert uns Bischof Miklós Oláh, der zur Begleitung von Maria, der Witwe von König Ludwig II., gehörte und sein Buch *Hungaria* 1536 im sicheren Brüssel schrieb. Vielleicht durchtränkt seinen Text deshalb ein nostalgisches Heimweh: «Von außen her, aus der Ferne, von wo du auch die Stadt und die Burg betrachtest, hast du an ihr große Wonne, einerseits wegen ihrer schönen Lage, andererseits wegen der Höhe ihrer kostbaren Häuser und Türme. So kannst du ihre prächtige Lage bewundern, andererseits glaubst du, daß du keine Gebäude aus irdischem Material sondern irgendein ausgezeichnetes Gemälde vor dir hast. Wenn du aber von der Stadt aus auf die vor deinen Füßen liegende herrliche Landschaft hinabblickst, bemächtigt sich deiner die allergrößte Bewunderung: an beiden Orten werden deine Augen von Wohlgefallen erfüllt und sie erholen sich.»

Der türkische Sultan hatte ebenfalls Geschmack an der Stadt gefunden: «Mein Ziel war eigentlich», schrieb er bald darauf, «die Stadt Ofen (Buda) zur Heimstätte des Islam zu machen.»

II. Fremdherrschaften

Das gespaltene Land

«Mein Ziel war eigentlich, die Stadt Buda zur Heimstätte des
Islam zu machen» – diese Worte entstammen einer Sieges-
schrift von Suleiman dem Großen. «Da ich die Stadt Ofen mit
ihren Einwohnern und dem dazu gehörenden Teile des Landes erobert und in Besitz genommen habe, habe ich die großen Kirchen in Dschamis verwandelt, in denen (…) am Freitag
Gottesdienst abgehalten wurde und in das Gebet wurde mein
fürstlicher Name eingeschlossen. In den Landschaften, die
vordem das Läuten der Glocken gewohnt waren, war von nun
an die Stimme des Muezzins und das Spiel der Militärkapelle
zu hören.»

Tatsächlich galt nun der mittlere Teil des ehemaligen Königreichs als türkische *vilajet* (Provinz) und die Hauptstadt als
paschalik (Paschatum). Das Sagen in der zivilen Verwaltung
hatten die *beglerbegs*, die Abgaben trieben die *defterdars* (Steuerbeamten) ein und die Gerichtsbarkeit fiel in die Zuständig-
keit der Kadis. Und doch: Keines der dem Osmanischen Reich
einverleibten Länder ließ diese Besetzung sprachlich und kulturell so wenig berührt wie die Provinz «Üngürü» – man
könnte sagen, sogar zu wenig. Es blieben ein paar Minarette
und Metschets, die heißen Bäder und die berühmte *Türbe* des
Pascha vom Rosenzüchter Gül Baba übrig sowie ein Wort: Die
Sondersteuer «Haradsch» nahm die ungarische Sprache in sich
auf. Das Verb *harácsolni* bedeutet bis heute «hamstern / raffen»
und ist unentbehrlicher Gegenstand des jeweiligen öffentlichen Diskurses.

Suleimans Ehrgeiz wurde einerseits zeitlich begrenzt, indem die türkische Präsenz im Lande nicht wie etwa in Bulgarien und Albanien vier- oder fünfhundert Jahre, sondern «nur» ungefähr anderthalb Jahrhunderte lang dauerte. Andererseits konnte die ohnehin mit wenig Eifer betriebene Islamisierung niemals das gesamte Gebiet von St. Stephans Reich erfassen. Nebenbei gesagt waren die Türken die ersten, aber keineswegs die letzten Eroberer, die ihre militärische Aktion als «Befreiung» zu verkaufen suchten. So sollte Buda ursprünglich zugunsten des einen ungarischen Königs, nämlich des uns bereits bekannten Wojwoden János Szapolyai (1526–1540), gegenüber dem anderen Herrscher, Ferdinand von Habsburg (1526–1564), in Schutz genommen werden. Als dies gelang, blieb dem Vasallen das Fürstentum Siebenbürgen sowie die Pflicht, der Hohen Pforte Tribut zu zahlen.

Indessen wurden beide Souveräne im November bzw. Dezember 1526 von einem Teil des Adels, wie es sich gehörte, gekrönt. Hinter Ferdinand stand sein Bruder, jener Karl V., in dessen Reich die Sonne nie untergehen sollte, während Szapolyai und später sein minderjähriger Sohn Johann Sigismund von Polen und der Türkei protegiert wurden. Die beiden Parteien – welche übrigens das Land von Zeit zu Zeit durchaus friedlich untereinander geteilt hatten – deckten sich nicht mehr mit denjenigen der inneren Fehden, die auf Matthias' Tod folgten. Vielmehr entsprachen ihre Vorlieben einer neuen Trennlinie: dem größten Schisma des christlichen Europas. Da die Habsburger in diesem lang anhaltenden Ringen um die Geister konsequent den alten Glauben verfochten, fand die ungarische Reformation wiederum zunächst unter Mohammeds Segen ihren Schlupfwinkel.

Der Diplomat Dernschwam von Hradiczin, der im Auftrag des Hauses Fugger eine Reise nach Konstantinopel unternahm und dessen Tagebuch zu den oft zitierten Quellen der türkischen Geschichtswissenschaft gehört, berichtet anno 1555

Kurioses aus Ungarn. Zwar merkt er an, daß «aus der kirchen ein meczith worden, darbey ein newer thurn auff die turkisch art, darf ihr hoschia schreien». Wichtiger fand er jedoch, daß «die christen (...) seind in dem glauben zwyspaldig», nämlich in einem Gotteshaus predigen «alte grawe papistische pfaffen», während in dem anderen solche «auf die luttrische vnd zum thail zwinglische art». Er mißt der Tatsache eine besondere Bedeutung bei, daß die «Papisten» ihre Messen nach wie vor lateinisch halten, während die «ceremonien und gesang» der Lutherischen Kirche eindeutig ungarisch sind.

Fügen wir hinzu: Die chaotische Ära der Glaubenskriege, in der manche Edelleute gute Dutzende Mal nach dem Prinzip «cuius regio, eius religio» ihre Konfession wechselten und damit ein Vermögen zusammenrafften (*harácsolni*), war gleichzeitig die Sternstunde der ungarischen Sprache. Nach der Übersetzung des Neuen Testaments durch János Sylvester (1541) erschien die bis heute gebräuchliche ungarische Version der gesamten Bibel. Der kalvinistische Prediger Gáspár Károli verlieh damit Tausenden Worten seiner Muttersprache die bis heute gültige Form.

Vielleicht klingt es nicht profan, wenn wir die Würdigung der Erstausgabe des Buches der Bücher (1590) um den Hinweis ergänzen, daß zeitgleich das erste poetische Œuvre ohne das lateinische Manko entstand: Auf Bálint Balassis Harfe erklang die Liebe nicht weniger leidenschaftlich als im Hohen Lied:

> Alles, was mir teuer
> unlöschbares Feuer,
> ewige Liebe: Julia,
> helle Fröhlichkeiten,
> oft genug auch Leiden,
> Schmerz und Wonne: Julia.
> Sie ist mir das Leben,
> ihr bin ich ergeben,
> einzig ihr nur: Julia.
>
> (Aus dem Ungarischen von Géza Engl)

Allerdings war Balassi-Romeo als Dichter ein Über- oder in diesem Falle eher ein Untertreiber: Der gottesfürchtige Raubritter, ewig prozessierende Zänker und neun Sprachen kundige Bücherwurm diente vor allem der Muse des Krieges: Er fiel 1594 bei der Erstürmung von Gram (Esztergom) durch die Türken.

Die Randburgen als Hoffnungsschimmer

Eines der in Ungarn populärsten Gedichte von Balassi war das *Lob der Grenzhüter*, das in einer später nach ihm benannten Strophe jene Kämpfer besingt, die unter dem Einsatz ihres Lebens die Türkenscharen abwehren, das heißt die Verteidiger der Randburgen. Esztergom (Gram), Drégely, Eger (Erlau), Kőszeg (Güns), Szigetvár und andere Städte – immer an der jeweiligen Grenze zwischen dem «kaiserlichen» oder «königlichen» und dem türkisch besetzten Ungarn wurden jene heroischen Schlachten ausgefochten, die – je später, desto mehr – als Trostpflaster für den verletzten Nationalstolz dienten. Schlecht bezahlte, schwach ausgerüstete Soldaten aus der Bauernschaft und dem mittleren Adel setzten hier der vielfachen osmanischen Übermacht einen erstaunlich zähen und kontinuierlichen Widerstand entgegen. Moralisch waren diese Zusammenstöße von großer Wichtigkeit, denn sie machten die Unbesiegbarkeit der Türken zum bloßen Mythos.

In der Tat hielten ein paar tausend Soldaten von Miklós Jurisics 1532 (sechs Jahre nach Mohács!) das Türkenheer auf, das eigentlich Wien einnehmen wollte. Der Burgleutnant István Dobó wehrte 1552 einen 38tägigen Sturm unter der Führung des Großwesirs Kara Achmed ab. Schließlich brach der Kapitän Nikolaus Zrúnyi an der Spitze seiner ungarischen und kroatischen Soldaten 1566 aus Szigetvár aus, um dem übermächtigen Gegner auf den Trümmern seiner Burg noch eine

Schlacht zu schlagen. In dieser Schlacht fiel er selbst, aber die Türken errangen einen Pyrrhussieg, und gleichzeitig starb der alte Sultan Suleiman, was den nächsten Feldzug der Osmanen für Jahrzehnte stoppte.

Obwohl diese bewundernswerten militärischen Leistungen mit Recht in die Annalen der ungarischen Geschichte und noch mehr der Literatur eingingen (unter anderem durch Géza Gárdonyis patriotischen Jugendroman *Tödlicher Halbmond*), vermochten sie strategisch gesehen die Konstellation nicht wesentlich zu verändern. Vor allem zeigte sich die Staatskasse dann kleinlich, wenn es um die Auszahlung des Soldes der Kämpfer oder die Reparatur der durch Bomben und Kanonen zerstörten Randburgen ging. So schrieben die Verteidiger der Heldenstadt Eger (Erlau) kurz nach ihrem Triumph eine Bittschrift an den Palatin Tamás Nádasdy – sie hofften darauf, daß der Weltmann Nádasdy, Philipp Melanchthons Brieffreund, selber in Erlau geboren, seinen Einfluß bei Kaiser Ferdinand geltend machen würde: «Im Laufe der Belagerung waren wir mit Hilfe und Unterstützung Gottes, wie es in unseren Kräften stand, bemüht, unsere Treue und unseren Eifer für die Sache der heiligen königlichen Majestät (…) aufzuzeigen, zum Schutze dieses elend untergegangenen Landes, mit großem Verlust unserer Soldaten, durch das Vergießen ihres und unseres Blutes, zugleich mit großem Schaden, der dem Feind bereitet wurde (…). Die Burg wurde so zerstört und dem Erdboden gleichgemacht, daß sie eher ein Feld denn eine Burg zu sein scheint.»

Als Dobó die Vergeblichkeit seiner Liebesmühen um die Wiederherstellung des hart umringten Eger einsah, zog er die Konsequenz, indem er auf seinen Posten als Kapitän verzichtete. Er war ein Mann der Waffen und durchschaute kaum die tieferen Gründe für seine schäbige Behandlung, die allemal eine gewisse Methode hatte. Sie wurzelte in der gesamten Wiener Auffassung von der – wie wir es heute nennen würden – geopolitischen Rolle jener «Hauptmannschaften», die das östliche Anhängsel der Erbprovinzen ausmachten und vormals Ungarn hießen.

Der europäische Kontext I

Auf die in Ungarn und in den südöstlich liegenden Staaten oft gestellte Frage, weshalb die «westliche Welt» ihnen im Kampf als «Schild der Christenheit» keine effektive Unterstützung gewährt hatte, gibt es eine simple und eine etwas vielschichtigere Antwort. Vor allem hatten die größten Königreiche des Kontinents weder Zeit noch Kraft, um sich um das Los von Albanien, Bulgarien, Serbien oder eben Ungarn zu kümmern. Die anderthalb Jahrhunderte der osmanischen Besetzung des Donautals fielen mit Ereignissen großer Tragweite zusammen wie etwa – um nur die wichtigsten zu nennen – der Vertreibung der Hugenotten aus Frankreich, dem Dreißigjährigen Krieg, dem Zerfall des Deutschen Reiches, der englischen Revolution, dem Aufstand der Niederländer gegen Spanien, der Schaffung iberischer und britischer Kolonien auf entfernten Kontinenten und nicht zuletzt dem verheerenden Seekrieg zwischen Spanien und Großbritannien. Das alles geschah zeitgleich und richtete unter den menschlichen und ökonomischen Ressourcen genug Verwüstungen an, die ein zusätzliches Engagement in Mittel- und Osteuropa rein materiell untragbar machten.

Trotzdem wäre eine derartige Antwort inhaltlich der Schwere der Frage nicht angemessen. Vielmehr ging es bei den blutigen Geburtswehen der europäischen Neuzeit ausgerechnet um die Wertkrise jener «Christenheit», deren Fahne die unterdrückten Nationen des Ostens immer noch mit dem Eifer der Kreuzfahrer hochzuhalten suchten. Das große Schisma und die darauffolgende Spaltung der Glaubenserneuerung in eine lutherische, kalvinistische sowie eine Reihe kleinerer Konfessionen vermischte sich mit einer Verschiebung der Machtverhältnisse auf dem gesamten Kontinent. Während sich auf der einen Seite Spanien, Frankreich und Schweden im rasanten Aufstieg befanden und England zur modernen Supermacht wurde, sanken auf der anderen Seite Deutschland, Italien und selbst Rom als weltliche Mächte in eine ungeahnte Bedeutungslosigkeit.

Neben dem Europa der Bibliotheken, Universitäten und Gemäldegalerien existierte damals eines der Millionen von Toten, Invaliden, Flüchtlingen, der Naturkatastrophen, der Pest, Cholera, Rinderseuche, Hungersnot und der Scheiterhaufen, Galeeren, Judenpogrome und Hexenprozesse. Vor allem aber betrachtete kein Staatsmann oder Kirchenfürst – ob er nun sieben oder nur zwei Heiligtümer akzeptierte, ob er die Beichte bejahte oder ablehnte – die Osmanen als die größte Bedrohung für die Christenheit. In den Augen der Richter eines Galileo Galilei, eines Giordano Bruno oder eines Thomas Morus waren diese gefährlicher als irgendein Sultan im entfernten Konstantinopel. Das Osmanische Reich galt sowohl für das katholische Frankreich als auch für das protestantische Schweden als Teil der diplomatischen Kalküle. Zudem zeigten sich bei dem Riesen des Orients bereits die ersten Zeichen der Ermüdung.

Das mächtige, dennoch durch den permanenten Krieg ständig von der Pleite bedrohte Haus Habsburg versuchte durch Besteuerung von schwächeren Herzogtümern aus der Patsche zu kommen. Der Zustand des «Kalten Krieges» mit der Hohen Pforte entsprach seinen damaligen Möglichkeiten und damit Ansprüchen gänzlich. Deswegen beschränkte es sich darauf, im Laufe der sich ausdehnenden Gegenreformation seine Machtposition auf Kosten der östlichen Nachbarn weiter auszubauen. Das wichtigste Opfer dieser Politik wurde Böhmen, das nach dem Verlust seines Staates in den Zustand von vor dem Augsburger Religionsfrieden zurückgeworfen war – wohl eine ideologische Spätrache an der Ursünde: der hussitischen Häresie.

Auch in Ungarns Misere zeigten sich die europäischen Zusammenhänge. Der türkische Keil mitten im Lande erschwerte jeden Handel zwischen Ost und West und wirkte lähmend auf die Entwicklung der Städte, unter anderem der nördlichen Bergbauregion des «königlichen» Ungarn, in der ein schmales Bürgertum entstehen konnte. Der Export des Edelmetalls, das Stephans Reich einst zum finanziellen Faktor ersten Grades gemacht hatte, war längst vorbei. Selbst im Fall, daß die Gold-, Silber- und Kupferreichtümer von Siebenbürgen ungehindert die westeuropäischen Bankhäuser erreicht hätten, wären sie keinesfalls mehr wie früher benötigt worden. Spaniens und Portugals südamerikanische Goldbeute geriet leichter und billiger auf den Absatzmarkt.

Ähnlich verhielt es sich mit dem Ackerbau, der noch durch die allgemeine Abkühlung des Wetters auf dem ganzen Kontinent (sogenannte «kleine Eiszeit») erschwert wurde. Ohnehin ließ sich das potentielle Schlachtfeld schlecht bebauen, die zum Verkauf angebotenen Getreide waren nur schwer abzuliefern, und so bevorzugte die dörfliche Bevölkerung die Pferde- und Viehzucht. Das Wort «Rindvieh» (*marha*) besaß in Ungarn seit je eine zweite Bedeutung: Schatz, Vermögen, Besitztum. Besonders im östlichen – türkisch besetzten – Teil konnten auf diese Weise Marktflecken, Städte mit bäuerlicher Bevölkerung und Antlitz überleben – die bedeutendste unter ihnen war Debrecen, dessen Bürger gleichzeitig an den Sultan, den Kaiser und an den jeweiligen Fürst von Siebenbürgen Steuern zahlen mußten. Damit erkauften sie ihre Ruhe und die Freiheit ihrer «helvetischen» Konfession, weswegen Debrecen als «kalvinistisches Rom» bezeichnet wurde. Wie übertrieben dieser Vergleich war, zeigt eine Schilderung des schwedischen Diplomaten Claes Brorson Rálamb aus dem Jahre 1657: «Die

Stadt zeichnet sich durch ihren Schmutz aus. Unrat und Pfützen sind überall. Über den Marktplatz wurde eine Brücke aus Brettern gebaut, über diese geht und reitet man. Wer von dieser zufällig heruntertritt, versinkt im Schlamm, der übrigens so beliebt ist, daß in dieser Stadt die Türen und Tore mit Schlamm beschmiert werden.»

Allerdings befand sich in einer Tagesreise Entfernung von dieser trostlosen Gegend eine blühende Provinz, in der wirtschaftliches, politisches und kulturelles Dasein nicht nur aufrechterhalten werden konnten, sondern gelegentlich sogar Glanz erlangten: das Fürstentum Siebenbürgen und seine Hauptstadt Gyulafehérvár (Alba Julia, heute Rumänien) mit dem dazugehörenden Partium (Landesteile), sozusagen ein Ungarn im Konjunktiv.

Das Jahrhundert Siebenbürgens

Alle Versuche, aus der historischen Sackgasse des 16. und 17. Jahrhunderts auszubrechen, hingen mit diesem kleinen Staat – Bevölkerung: eine Million – zusammen, der ungefähr so groß war wie der türkisch besetzte Landesteil und kleiner als die von den Habsburgern beherrschten West- und Nordprovinzen. Ethnisch handelte es sich dabei um ein Konvolut aus drei Nationen: Ungarn (Szekler), Rumänen (Walachen) und Deutschen (Sachsen und Schwaben), sowie aus kleineren Volksgruppen, unter ihnen Serben, Zigeuner, Juden und Armenier. Entsprechend gestaltete sich die religiöse Zusammensetzung des Gebiets: Zu den «akzeptierten» Konfessionen gehörten die katholische, lutherische, kalvinistische, in den besten Zeiten wurde die rumänische Orthodoxie toleriert, und Israeliten mußten auch nicht den obligatorischen gelben Stern tragen.

Nach Mohács herrschte in Ungarn Konsens darüber, daß

der Hauptgegner des Landes das türkische Imperium sei und jede Anpassung an dessen Vormachtstellung ausschließlich dem Ziel dienen sollte, die Standesrechte und die Konfessionsfreiheit gegenüber den als «Deutschen» bezeichneten Habsburgern zu verteidigen. Da begann die Gegenreformation, getragen von hervorragenden Geistlichen wie dem Erzbischof von Gram, Péter Pázmány, die für Ungarns Kultur und Bildung große Leistungen erbracht haben. Der Widerstand gegen diese Strömung galt jedoch den gewaltsamen Methoden, mit denen der Wiener Hof die Rekatholisierung des «königlichen» Landesteils betrieb. Um seine erwähnte prekäre Finanzlage aufzubessern, leitete er Ende des 16. Jahrhunderts spektakuläre Prozesse gegen die reichsten Grundbesitzer Oberungarns ein, um auf diese Weise deren Vermögen konfiszieren zu können. Nach der allgemeinen Verarmung der mittleren Schichten und dem direkten Elend der Leibeigenen fühlten sich nun auch ausdrücklich loyale und katholische Edelleute bedroht.

Die einflußreichsten unter ihnen waren István (Stephan) Bocskai und Gábor (Gabriel) Bethlen, beide durch den Landtag gewählte Fürsten von Siebenbürgen. Einerseits stützten sie sich auf die Hohe Pforte, ohne deren willenlose Vasallen zu werden, andererseits trauten sie sich zum ersten Mal seit der Unterdrückung von Dózsás Bauernaufstand, ein Bündnis mit dem «plebejischen» (also per Gesetz aus der «Nation» ausgeschlossenen) Element einzugehen. Den militärischen Arm der Widerstandsbewegung stellten die sogenannten Haiducken: ehemalige Kämpfer der verlassenen Randburgen, freie Besitzlose oder vor ihren Herren geflohene Bauern, die sich mal als bewaffnete Begleiter des Exportviehs, mal als Söldner verdingten oder als Landstreicher ihre Existenz zu sichern suchten. Das Versprechen, sie mit Land zu belehnen, reichte aus, um aus der unkontrollierbaren Meute ein stehendes Heer zu machen.

«Erst jetzt sehen und verstehen auch wir», erklärte Bocskai

in einem Brief anno 1606, «wie sehr man dort oben die aus unserer Nation Stammenden im Glauben und in der Freiheit (…) zu stören und zu beunruhigen begann. (…) Das ist die Natur des Deutschen [= Österreichers], die ihn nie verläßt, die er für keinen Moment vergißt. (…) Nun meinen die Herren in Wien, wir würden unseren Hals wieder demselben Elend und unerträglichen Joch ausliefern, von dem wir uns (…) mit viel Arbeit und Sorge befreit haben.»

Die Haiduckenarmee eroberte fast das gesamte königliche Ungarn; trotzdem verzichtete Bocskai auf die vom Sultan angebotene Krone und einigte sich im Frieden von Wien mit dem westlichen Gegner. Die erfolgreiche Ansiedlung seiner Soldaten ist bis heute im Namen des Komitats Hajdú erhalten geblieben. Als der Kaiser Rudolf nach dem Tod des Fürsten seine Versprechungen rückgängig machen wollte, brach ein zweiter Aufstand aus, welcher der geschwächten Monarchie neue, diesmal verbindlichere Zugeständnisse abtrotzte. Unter Gábor Bethlen erkämpfte Siebenbürgen seine staatliche Souveränität und Anerkennung durch die europäischen Höfe.

Dabei trachtete der protestantische Staatsmann Bethlen ebenso wenig wie sein Vorgänger nach der Stephanskrone, die er nach der erneuten Befreiung des Landes 1620 von den ungarischen Ständen in Besztercebánya (heute Banska Bistrica, Slowakei) angeboten bekam. Siebenbürgen als Garantie eines freien Ungarns stand im Mittelpunkt seines politischen Konzepts, und den Kampf gegen Habsburg betrachtete er als einen ihm aufgezwungenen und defensiven Glaubenskrieg, wie er in einer Art Vermächtnis gegenüber seinem Nachfolger formulierte: «Als ich über das bittere Schicksal der ungarischen Nation nachzudenken begann und über die böse Absicht, unseren wahren Glauben mit Füßen zu treten, von vielen Seiten Sicheres hörte, (…), faßte ich den Entschluß, außer für die Ehre Gottes für die Freiheit unserer Nation mich einzusetzen.» Als Realpolitiker wußte er genau, daß das Schicksal

des Landes langfristig ebensowenig in der Hand seiner Haiducken wie beim unbeständigen Adel, sondern hauptsächlich
in den europäischen Kräfteverhältnissen lag.

So war Bethlens Siebenbürgen einer der hoffnungsvollsten
Protagonisten des Dreißigjährigen Krieges und doch dem
Kriegsglück der ständig wachsenden und wechselnden Koalitionen völlig ausgeliefert. Obwohl er das Ende des großen
Gemetzels nicht mehr erlebt hat, war es nicht zuletzt seinem
taktischen Gespür zu verdanken, daß Siebenbürgen seine Selbständigkeit auch unter viel weniger begabten Fürsten bewahren und dadurch der kaiserlichen Willkür zumindest eine geographische Grenze setzen konnte.

Das Bleibende an diesem Werk war jenseits der pompösen
Hofhaltung, kulturellen Institutionen, Hochschulen, Kirchen,
Druckereien und Handelshäuser ein damals in Europa kaum
praktizierter und höchstens in den Büchern der Humanisten
existierender Wert: die politische und religiöse Toleranz – bis
heute eine Mangelware.

Helden und Opfer

Siebenbürgens Toleranz strahlte im übrigen auf das königliche Ungarn aus. Als der Arzt und Naturforscher Jacobus Tol-
lius aus Utrecht bei seiner Ungarnreise 1660 den kroatischen
Ban Miklós (Nikolaus) von Zrínyi auf seinem Schloß Csáktor-
nya besuchte, bemerkte er in seiner Schatzkammer neben
Münzen von Alexander dem Großen, den römischen Kaisern
Oto und Vitelius sowie einer Porträtsammlung von berühmten Königen etwas Besonderes: «Daselbst sah ich auch sehr
hübsch gefertigte Bilder von Martin Luther und seiner Frau»,
was ihn wohl bei einem jesuitisch geschulten Magnaten
ebenso verwunderte wie das Geschenk seines Gastgebers: drei
seltene türkische Bücher. Der Burggraf arbeitete nämlich zur

Zeit des Besuchs aus den Niederlanden an seinem Pamphlet *Arznei gegen das türkische Opium*, in welchem er seine Landsleute mit prophetischer Leidenschaft aufforderte, den letzten vernichtenden Schlag gegen die Osmanenherrschaft vorzubereiten.

Der Feldherr und Dichter Zrínyi (1620–1664), Urenkel jenes Burgkapitäns von Szigetvár, der 1566 beim Ausbruch aus seiner zerstörten Festung sein Leben opferte, wußte bereits, daß die Tage der Türkenherrschaft in Mitteleuropa gezählt waren. Ihm ging es vor allem darum, den möglich gewordenen Sieg nicht dem Wiener Hof zu überlassen, dessen Intrigen ihn systematisch an einer effektiven Kriegführung gehindert hatten. Er ahnte wohl, daß ein Triumph, der durch die Habsburger errungen wurde, eine massive Bedrohung für Ungarns Freiheit darstellen würde – das Schicksal der böhmischen Stände war wohlbekannt. Als er vier Jahre später bei einem Jagdunfall den Tod fand, schlug der ungarische Hochadel völlig gedankenlos um sich. Seine nächsten Mitstreiter, unter ihnen sein Bruder Péter Zrínyi, zettelten ein Komplott gegen Kaiser Leopold I. an. Dabei suchten sie Kontakt mit Frankreich, Venedig und anderen Mächten, aber keiner der westeuropäischen Höfe ließ sich mit den Verschwörern aus Südungarn auf mehr als einen diplomatischen Poker ein. Schließlich wurden sie entlarvt und nach kurzem Prozeß hingerichtet («wegen Hochverrat» lautete noch vor einigen Jahren in Wiener Neustadt der unverschämte Text einer Gedenktafel). Ein anderer Verwandter Zrínyis, Imre (Emmerich) Thököly, ein hochbegabter Heeresführer und mittelmäßiger Politiker, Fürst von Siebenbürgen, dessen Freischärler sich in Anlehnung an Dózsás «Kreuzfahrer» «Kuruzzen» nannten, wurde in seinem unüberlegten Eifer, das österreichische Joch loszuwerden, zuerst symbolisch, dann auch faktisch zur Geisel der Hohen Pforte.

Die Staaten des Alten Kontinents dachten nicht daran, eine größere militärische Auseinandersetzung im Osten zu riskieren. Es wäre auch nicht dazu gekommen, wenn nicht die Türkei das Abenteuer gewagt hätte. Als jedoch der Großwesir Kara Mustafa in bester Suleimanscher Tradition ein Riesenheer gegen Wien in Gang setzte, schmiedete er damit eine christliche Koalition zusammen: die von Papst Innozenz XI. initiierte Heilige Liga, bestehend aus dem Habsburgerreich, Bayern, Venedig und Polen. Im August 1683 gelang es dieser Koalition, den Türkenangriff vor Wien abzuwehren. Diese Kämpfe wurden bereits mit moderneren Feuerwaffen und damit effektiver, aber auch verheerender ausgefochten. Drei Jahre später war Buda und bald darauf ganz Ungarn frei. Frei von den Türken – nicht jedoch von den Befreiern.

Das letzte Aufgebot: Das Fußvolk des Fürsten

Daß die «vereinten christlichen Armeen» nicht unbedingt die Liebe Christi nach Ungarn tragen wollten, bekamen als erste die Opfer ihrer Pogrome und Plünderungen zu spüren: Budas Juden, über deren Leid der nach Prag geflüchtete Rabbi Isaac Schulhof einen ergreifenden Bericht schrieb. Auf das Chaos folgte jedoch noch Schlimmeres: die Ordnung. Durch ein «Einrichtungswerk» des für Ungarn zuständigen höchsten Wiener Beamten, des Kardinals Leopold von Kollonich, sollte die historische Verfassung annulliert werden: Weder die Goldene Bulle noch das Recht auf freie Königswahl galten nunmehr. Siebenbürgen wurde der Krone unterstellt. Selbstverständlich galt der Katholizismus als Staatsreligion, und die Ausübung anderer Glaubensarten war vielfach verboten.

Eine Institution mit dem hohl klingenden Namen «Kommission für Neubeschaffungen» kümmerte sich hauptsächlich um die Umverteilung des Vermögens, vorwiegend zugunsten deutscher sowie loyaler ungarischer Adeliger. Die Kosten für die Besatzung lasteten auf der ohnehin am Bettelstab daherkommenden Bevölkerung. Vor dem Terror der einquartierten Söldner und der willkürlichen Besteuerung flüchteten ganze Dörfer in die Wälder, Städte waren wie leergefegt oder, wie Debrecen, in wenigen Tagen ausgeplündert worden. General Caraffa inszenierte in Eperjes (Presov, heute Slowakei) Prozesse wegen angeblichen Hochverrats, um den Bürgern Geld abzupressen. «Das Vorgehen des kaiserlichen Militärs war der heidnischen Tyrannei ähnlich» – lesen wir in einer Erinnerung – «(…) Die Ehefrauen der Zahlungsunfähigen wurden nämlich vergewaltigt, indem die Männer zur Tilgung der Schulden gezwungen wurden, ihnen ihre Frauen zu überlassen, und diesen wurde in der Anwesenheit der Männer Gewalt angetan. Andere wiederum wurden ausgepeitscht, einige von ihnen starben an den Folgen dieser Auspeitschungen.»

Der diese Grausamkeiten schildert, war selber ein tief gläubiger Katholik, zu der Zeit 20 Jahre alt, von Natur aus ein Zauderer, der privates Glück und Ruhe suchte. Er studierte in Prag und in italienischen Städten, lebte unbekümmert in Wien, war einer der reichsten Magnaten Ungarns und wollte nur das nicht sein, wozu er durch seine familiäre Tradition geradezu erkoren worden war: Hoffnungsträger der Nation. Der Neffe des in Wien gehängten Verschwörers Péter Zrínyi, der Sohn einer leidenschaftlichen Gegnerin des Kaisers, Ilona Zrínyi, und Ziehsohn des Kuruzzenführers Imre Thököly. Es war der letzte Fürst von Siebenbürgen, Ferenc Rákóczi II.

Die versprengten Kuruzzen – das Fußvolk (*talpas* – daher das deutsche Wort «Tolpatsch») des Bauernführers Tamás Esze – versuchten in diesen Jahren, durch plötzliche Überfälle die Eroberer zu verunsichern und ihre Willkür zu stoppen. Ihnen fehlte jedoch ebenso eine organisierende Kraft wie seinerzeit Bocskais Haiducken. Erst nach langem Zögern und präventiver Verhaftung durch die Kaiserlichen entschloß sich der junge Fürst, die Führung des Aufstands zu übernehmen. In seinem Manifest vom Mai 1703 forderte er «jeden edlen und unedlen Ungarn» zum Kampf «cum Deo pro patria et libertate» gegen das Haus Habsburg auf.

Der Freiheitskrieg des Fürsten Rákóczi (1703–1711) war das vorerst letzte Glied in der Kette der ungarischen Versuche, aus der Fremdbestimmung auszubrechen. Es wäre ungerecht zu behaupten, er sei von vornherein zum Scheitern verurteilt gewesen. Der «historische Kompromiß» zwischen den Nachfahren des Rebellen Dózsa und des Bauernbezwingers Werbőczy schien zunächst wiederhergestellt. Besonders in der ersten, erfolgreichen Phase konnten die Aufständischen mit der Unterstützung des mittleren Adels rechnen. Trotz einer starken aristokratischen Opposition wurde der «regierende Fürst» durch drei Landtage (1705, 1708, 1709) in Amt und Würden bestätigt, während die österreichische Dynastie offiziell entthront wurde. Militärisch ging es zunächst bergauf. Der Brigadier Ádám Balogh bedrohte am Ufer der Leitha von seinem Roß Mursa herab sogar die Kaiserstadt. Dennoch waren die sozialen Differenzen der Beteiligten sowie die Uneinigkeit ihrer Vorstellungen von einem freien Ungarn von Anfang an unübersehbar. Vergessen wir auch nicht, daß dieser traurige Krieg von einem ausgebluteten Land geführt wurde.

Die weltpolitische Großwetterlage war ebenso launisch wie zu Bocskais oder Bethlens Zeiten. Den strategischen Hintergrund der Insurrektion bildete der Krieg um die spanische Erbfolge. Zu viele Faktoren mußten übereinstimmen, damit Wien dauerhaft in Schach gehalten werden konnte. Auf der Suche nach Verbündeten machte man dem Fürstenreich viele Versprechungen, aber kaum etwas davon wurde eingelöst. Allein der französische König Ludwig XIV., der mit Rákóczi über dessen Frau verwandt war, leistete eine bescheidene Finanzhilfe. Das eigentliche Verhängnis lag in der Diplomatie. Bei den Verhandlungen, die zum Frieden von Utrecht (1714) führten, forderte der Sonnenkönig zunächst die Autonomie von Siebenbürgen; als jedoch die Habsburger eine ähnliche

Selbständigkeit für die Katalanen als Bedingung stellten, zogen die Franzosen ihren Vorschlag zurück.

Rákóczi mußte einsehen, daß die Freiheitskriege von kleinen Völkern bestenfalls als Wechselgeld im großen Kuhhandel eine Rolle spielten konnten. Als während seines Polenaufenthaltes sein Oberbefehlshaber Graf Sándor Károlyi einen annehmbaren Frieden mit dem Habsburgerreich unterzeichnet hatte, der eine allgemeine Amnestie vorsah, geschah dies beinahe unauffällig. Schließlich saß auf der anderen Seite des Verhandlungstisches ebenfalls ein ungarischer Graf: General der österreichischen Armee János Pálffy. In der Burg fand soeben eine Wachablösung statt: Der neue Kaiser Karl VI. wurde gleichzeitig als ungarischer König Karl III. auf den Thron gehoben.

Zwei Helden beschäftigten noch lange die Volksphantasie: Der eine war der «regierende Fürst», dessen Exil zuerst nach Danzig, von dort aus nach Paris führte, und als er nicht weiter im Schatten des Sonnenkönigs leben wollte, zog er mit ein paar Getreuen auf Einladung des Sultans in die türkische Stadt Rodosto (Tekirdag) und starb dort beinahe vergessen im Jahre 1735. Er tauchte noch einmal in den Memoiren des Fürsten Saint-Simon und in Voltaires Satire *Candida* auf. Der andere war der arme anonyme Kuruzzheld, dessen Blut mit «drei Kupfergroschen» Sold belohnt wurde, während «die Spuren seiner roten Stiefel» im Schnee der hohen Berge verschwanden. Beide Gestalten blieben in historischer Erinnerung, umgeben von sanfter Melancholie.

Das Jahrhundert der Habsburger

Einer der Gefolgsleute des emigrierten Fürsten und Chronist seines freiwilligen Exils, Kelemen Mikes, dessen *Briefe aus der Türkei* an eine fingierte «leibliche Tante» erst Jahrzehnte nach seinem Tode erschienen sind, reflektiert 1741 die gedrückte Stimmung unter den Verbannten am Ufer des Marmorsees: «Unsere Tage sind alle eintönig, es gibt keinen Unterschied zwischen ihnen. Der heutige Tag ist genau wie der morgige, und der morgige wird auch nur so sein, wie der heutige war. Immer beschäftigen wir uns mit denselben Dingen, immer haben wir unsere Flucht vor Augen, der vielleicht nur der Tod ein Ende bereitet. Wir sind der Königin zu Dank verpflichtet für unsere Vertreibung aus der Heimat, da es dort mehr Ursachen zur Verringerung des Lebens gibt. Keinem sind wir neidisch wegen seines Schicksals, seines Weiterkommens und seines großen Hauses. Ich glaube, daß auch andere uns nicht neidisch sind.»

Diese tief depressiven Zeilen, die gleichzeitig die Geburt der ungarischen Kunstprosa markieren, geben einiges auch von der Atmosphäre des verlassenen Landes wieder. Eine völlig erschöpfte Gesellschaft übte sich damals in einem jahrzehntelang andauernden Alltag. Die reichsten Magnaten und Erzbischöfe verbrachten ihre Zeit in Wiener Palästen, die lokalpatriotisch gesinnten Adeligen wie die Esterházys oder Grassalkovichs ließen Schlösser in Barock oder Paläste à la Versailles bauen. Die Bauern leisteten ihren schweren Frondienst, und der mittlere Adel – mehrheitlich kaum vermögender als seine Leibeigenen – vollführte sogar eine Art politischer Aktivität auf den Komitatsversammlungen und den mehr oder wenig systematisch zusammengerufenen Landtagen in Pozsony (Preßburg, heute Bratislava, Slowakei). Eine ernstzunehmende intellektuelle Schicht war kaum zu finden, als hätte die Nation in der Unzeit nach dem stürmischen 17. Jahrhundert eine lange Denkpause eingelegt. Die relative Ruhe begünstigte gewisse Formen der kollektiven Unterhaltung: Der Pöbel lernte, Schlittschuh zu laufen und bei Erntefeiern oder Eheschließungen zu tanzen, während in den nobleren Kreisen die Menuette und Hauskonzerte zum guten Ton gehörten.

Selbstverständlich war und blieb die Jagd die bevorzugte Saisonbeschäftigung vom kaum geadelten Grundbesitzer bis zum König.

Nach einer traurigen Anekdote verwechselte Kaiser Karl VI. – als ungarischer König, Karl III. – bei einer Pirsch seinen Stallmeister, Fürst Adam von Schwarzenberg, mit einem Rehbock und schoß ihn nieder. Der Sterbende tröstete seinen höchsten Lehnsherrn mit den Worten: «Es ist eine Gnade des Himmels, daß dehro Majestät mich erschossen haben.» Ein anderer «Bockschuß» im April 1713 erwies sich als geglückter: die Pragmatica Sanctio, eine geheime Vereinbarung mit dem spanischen Zweig der Dynastie, welche den österreichischen Thron auch für eine etwaige Tochternachfolge sichern sollte. Die kaiserliche Diplomatie überzeugte fast alle europäischen Metropolen von London bis St. Petersburg von der Notwendigkeit, dem neuen Erbkriege vorzubeugen, und tat dies rechtzeitig: Nur vier Jahre später kam die Thronfolgerin Maria Theresia Walpurgis Amalia Christina zur Welt.

Die mütterliche Königin

Die junge Thronfolgerin kümmerte sich zunächst wenig um die Politik. Sie lernte Latein und Französisch, sang Opernarien und wechselte Liebesbriefe im Stil des Rokoko mit ihrem «Mäuschen» und «Schatz», dem Großherzog von Toscana, Franz Stefan von Lothringen, der für sie als Ehemann und Mitregent auserkoren war. Erst als sie im Oktober 1740 den Thron bestieg, wurde es ernst: Der bayerische Kurfürst Albrecht und noch mehr der junge Preußenkönig Friedrich II. – letzterer mit der modernsten Armee des Kontinents – stellten die «Weiberherrschaft» in Frage.

Die Argumente des Berliners waren schwächer als seine Schlachtmittel: «Ein kampfbereites Heer, eine volle Staatskasse und die Frische meines Geistes – diese Ursachen ermunterten mich zu einem Krieg.» Eigentlich verlangte er den Verzicht Österreichs auf Schlesien. Während seine Truppen bereits die Grenze der Monarchie überschritten, ließ er über Geheimkuriere ausrichten: «Mein einziger Zweck ist die Erhaltung und der wahre Nutzen des Hauses Österreich.» Mit dieser zynischen Kluft zwischen Taten und Worten begründete er eine politische Tradition, die für das künftige Europa tragisch werden sollte.

Das Kaiserreich, das weder über kampfbereite Militärs noch über eine volle Staatskasse verfügte, stand laut ausländischen Beobachtern unmittelbar vor dem Zusammenbruch. Bei der nicht eben gut gesinnten Neutralität der verschwägerten Höfe blieb der jungen Königin als einziger zuverlässiger Verbündeter Ungarn übrig. Als sie mit ihrer Begleitung in ungarischer Nationaltracht vor dem Landtag in Preßburg erschien und mit dem weinenden Säugling Joseph II. an der Brust die edlen Magyaren um Hilfe bat, riefen die Adeligen wie ein Mann: «Vitam et sanguinem pro rege nostro!» (Leben und Blut für unseren König!) – ein Satz, der als emotionaler Höhepunkt der ungarisch-habsburgischen Beziehungen gilt. Die Wirklichkeit allerdings war komplizierter.

Tatsächlich deckten die Ungarn – größtenteils auf Kosten ihrer Leibeigenen – den Löwenanteil der Finanzen und militärischen Unterstützung in den insgesamt drei Kriegen mit Preußen, forderten jedoch als Gegenleistung eine Bestätigung ihrer Vorrechte und ein regelmäßiges Einberufen des Landtags. Die Auseinandersetzung um die Beteiligung und Mitbestimmung in Sachen Erbprovinzen war von da an das wichtigste Thema der Donaumonarchie. Die Ungarn als ritterliche Nation und die Königin als «Mutter ihrer Länder» verkörperten eher eine ästhetische Tradition als die Realität.

Auch war die Kaiserin – übrigens Mutter von sechzehn Kindern, von denen zehn das Erwachsenenalter erreichten –

keine aufgeklärte, sondern lediglich eine rational denkende Monarchin mit pragmatischen Kanzlern, die in den durch Preußen erlittenen Fiaskos sämtliche Schwächen des Imperiums erkannten. Dem Pomp und Glanz von Wien standen das Elend, die Unwissenheit, chronische Epidemien von Pest und Cholera, öde, weglose Landesteile und nicht zuletzt eine Lebenserwartung von durchschnittlich vierzig Jahren sowie eine äußerst hohe Kindersterblichkeit gegenüber.

Die Reformen der Kaiserin richteten sich vor allem auf das Zivilisieren der Verhältnisse. Die Kolonisierung der von den Türken verwüsteten Komitate führte freilich dazu, daß der Anteil der ungarischen Bevölkerung im ehemaligen Königreich unter die Hälfte der gesamten Population sank. Offensichtlich wuchs die Zahl und Bedeutung der Roma, denn die Kaiserin gründete ein «Departementum Zingarorum», und in einem Erlaß befahl sie, statt des spöttisch klingenden Ausdrucks *cigány* Synonyme wie «Neubauer», «Neubürger» oder gar «Neuungar» zu benützen. Ansonsten untersagte sie den Roma ihr Lebenselement: das Wandern. Manche ähnlich gutgemeinte Maßnahme wie die Verstärkung der südlichen Grenzgebiete löste verzweifelten Widerstand der Szekler aus, der wiederum nur mit brutaler Waffengewalt niedergeschlagen werden konnte (1764). Angesichts des heiklen Gleichgewichts verzichtete die Herrscherin immer mehr auf die Zusammenarbeit mit dem Landtag. Gleichzeitig umgab sie sich mit ungarischen Leibwächtern, die dann wiederum den Keim einer europäisch gebildeten und bewanderten Intelligenz bildeten.

Doch waren manche Erneuerungen von bleibendem Wert: Geld- und Arbeitsleistungen (*urbarium*) der Leibeigenen waren ziemlich streng geregelt – wöchentlich ein Tag mit Anspann oder zwei Tage Fußdienst, Neuntel, Geschenke zur Heirat oder Geburt im Herrenhaus –, damit wurden der Ausbeutung Grenzen gezogen. Das Umzugsverbot wurde gelockert, und der Adelige konnte seinen Bauern die Grundstücke nicht mehr wegnehmen. Die Ratio Educationis begann das Volksschulwesen in Gesetzform zu gießen. Die seit dem Mittelalter immer wieder gescheiterten Universitäten konnten nun dauerhaft existieren. In dieser Zeit begann zudem jedes Komitat, Amtsärzte und Veterinäre einzustellen.

Ein als Kammerdiener eingestellter Musiker namens Joseph Haydn versorgte die Schlösser der Esterházys in Fertőd und Kismarton (Eisenstadt, heute Österreich) mit Musikwerken, für die es noch keine ungarischen Bezeichnungen gab: Er schrieb im Auftrag seines Herrn Messen, Sonaten, Oratorien und vielleicht als erster in der Musikgeschichte Symphonien. Als dieser Musik durchaus ebenbürtig erscheint die Qualität mancher Gedanken, die im stillen Lande kaum noch Widerhall fanden. So schrieb der Jesuit Mihály Szegedi anno 1735 Ideen auf, derer sich bis heute jede liberale ungarische Zeitung rühmen könnte: «Ich liebe die Ungarn, hasse aber auch die Ausländer nicht. Ich leugne es nicht, daß eine jede Nation viele Tugenden, aber auch viele Sünden hat. Dennoch bin ich der Meinung: Wer irgendeine Nation nur ihres Namens wegen mit Anerkennung auszeichnet, eine andere jedoch mit Schmähungen bedenkt, der ist vollständig wahnsinnig. War dieser Autor ein Deutscher oder ein Spanier? Ich nehme es zur Kenntnis, doch was hat er geschrieben?» Dies war bereits die Sprache der Aufklärung.

«Der wohlwollende Despot»

Nach dem Tod ihres Mannes, Erzherzog Franz Stefan, 1765 teilte die bereits betagte und kränkelnde Kaiserin die Macht mit ihrem Sohn, Joseph II. Ihr gemeinsames Herrschen war, milde gesagt, keineswegs reibungslos. Anders als die tief katholische, konservative, den ungarischen Trotz mit Samthandschuhen anfassende Mutter wollte Joseph rasch und effektiv handeln. Da die zehn Jahre seiner Alleinherrschaft (1780–1790) von äußeren Kriegen verschont blieben, meinte der «wohlwollende Despot» (Karl Markus Gauss' zutreffende Charakteristik) freie Hand zu haben.

Seine modernisierenden Verwaltungsreformen machten die Komitatsversammlungen praktisch überflüssig; die Zensur nahm er den kirchlichen Stellen weg und gründete hierfür eine Kommission der Buchprüfung, was mitnichten die Milderung der Kontrolle jeglichen Schrifttums nach sich zog. Die katholische Kirche schwächte er schlagartig, als er sämtliche Orden, die keine gemeinnützige Tätigkeit (etwa Unterricht oder Krankenpflege) aufzuweisen hatten, auflösen ließ. Sein Ideal war der Pfarrer, der von seiner Kanzlei herab den Bauern nützliche landwirtschaftliche Ratschläge predigt, und vor allem versuchte er – bereits zu Zeiten der Doppelherrschaft mit seiner Mutter –, die Jesuiten aus dem öffentlichen Leben zu verbannen. Sein berühmtes Toleranzedikt gestattete die inoffiziell ohnehin legalisierte Ausübung der protestantischen und griechisch-orthodoxen Konfessionen, ohne diese allerdings dem Katholizismus rechtlich gleichzustellen. Den Juden erlaubte er, überall außer in Bergwerksstädten seßhaft zu werden.

Nach einem blutigen Bauernaufstand in Siebenbürgen (1784) wollte er durch ein Edikt die die Mehrheit der Bevölkerung ausmachende Bauernschaft befrieden. Die Institution der ewigen Leibeigenschaft wurde gestrichen, die Prügelstrafe und das Todesurteil wurden abgeschafft, das Recht zu Umsiedlung und schulischer Bildung eingeräumt. Gleichzeitig plante er eine neue Bodenbesteuerung, die diesmal auch den besitzenden Adel treffen sollte – ein wahres Sakrileg gegenüber der Tradition. Zudem erklärte er die Edelleute für grundsätzlich vor zivilem Gericht strafbar.

Man könnte sagen: ein Monarch zum Anfassen. Allerdings

handelte Joseph von Anfang an taktlos. Sein Generalangriff gegen die ungarischen Nobilitäten begann damit, daß er sich nicht krönen ließ, weswegen ihm in den entfernten Adelshöfen der spöttelnde Beiname «König mit Hut» gegeben wurde. Später wollte er die lateinische Amtssprache gegen die deutsche eintauschen, was neben dem gewöhnlichen passiven Widerstand ein Hintertürchen zur Erneuerung der ungarischen Sprache schuf. Erwartungsgemäß riefen die josephinischen Reformen keinen allgemeinen Protest hervor, sondern auch manche Sympathien. Das Dilemma des westlich geschulten Adels brachte unter anderem der Freimaurer und Publizist József Hajnóczy auf den Punkt: «Die Verfassung entfacht meiner Überzeugung nach zwischen den Adeligen und den Nichtadeligen einen Haß, und der Adel wird nie seine mit Gewalt an sich gerissenen Vorrechte mit anderen teilen. Es ist meine Pflicht, alles zu tun, wozu ich fähig bin, daß meine Mitmenschen in den Besitz ihrer unvergänglichen Rechte gelangen. Auf diese Art und Weise kann ich ein Menschenfreund werden, ohne daß ich aufhören würde, guter Patriot zu sein. Könnte ich aber beides nicht in Einklang bringen, will ich lieber ein Menschenfreund als ein Patriot sein.»

Joseph II. erlebte ebenfalls einen inneren Zwist. Die bisherige Taktik etwa, Bauernaufstände nur zögernd zu unterdrücken, um die Unentbehrlichkeit der Wiener Gewalt gegenüber dem rebellischen Adel zu demonstrieren, erwies sich sehr bald als Bumerang. Der Ausbruch der Französischen Revolution und mehr noch der Verlust der südlichen Niederlande (Belgien) in den letzten Monaten seiner Herrschaft machten einige versöhnliche Gesten gegenüber seinen Untertanen nötig. Die damals bereits aktive Geheimpolizei, namentlich der Kaffeehausbesitzer und seit 1787 Polizeidirektor von Pest, Jakob Gotthardi, meldete eine zunehmende nationale Unruhe. Auf Anraten seines Kanzlers zog daraufhin der Kaiser einige seiner für die Ungarn besonders schmerzhaften

Erlässe zurück – das Toleranzedikt und die Regelung der Fron waren nicht darunter. Stephans Krone, die bisher in der Wiener Schatzkammer als Museumsgegenstand brachlag, ließ er nach Buda befördern, wo diese mit heller Begeisterung empfangen wurde. Dies geschah ausgerechnet an Josephs Todestag; allerdings ließ die Zentrale die traurige Nachricht erst einige Tage später in Ungarn ankommen, damit die freudige Zeremonie nicht in eine unkontrollierbare Euphorie überschwappte.

Herders Prophezeiung

Der Philosoph war offensichtlich von den Nachrichten über die administrative Einführung des Deutschen als Amtssprache in Ungarn beeindruckt, als er 1788 in seinen *Ideen zur Philosophie der Geschichte der Menschheit* den berühmten Satz niederschrieb: «Die Ungarn oder Madscharen (…) sind jetzt unter Slawen, Walachen und andern Völkern der geringere Teil der Landeseinwohner, und nach Jahrhunderten wird man vielleicht ihre Sprache kaum finden.» Diese düstere Voraussage machte im ungarischen Bewußtsein eine bis heute anhaltende Karriere, verwandelte sich in einen stabilen Teil des nationalen Pessimismus, obwohl die direkte Reaktion darauf eher ablehnend ausfiel. Patriotisch gesinnte Literaten nannten Herder daraufhin kurz und bündig einen «Esel von einem Deutschen». Und Herders Schrift erschien erst 1978 in Fragmenten beim Budapester Akademie-Verlag – selbstredend konnten es die «Madscharen» in ihrer Muttersprache lesen.

In einem hat sich jedoch der Wissenschaftler gewiß nicht geirrt. Als Klopstock auf Josephs Tod mit einer emphatischen «Ode an den Kaiser» reagierte, antwortete Herder darauf mit einem «elegischen Gespräch», das in äußerst eleganter Weise eine Bilanz von Erfolg und Scheitern des Josephinismus zog.

Vor allem warf er dem Verblichenen vor, in seinem verbessernden Eifer die nationale Eigenart seiner Völker und deren Sprachen schlecht toleriert zu haben. Die «rasche Einführung» der Reformen erschien ihm als deren Achillesferse: «Die beste Kultur eines Volkes ist nicht schnell; sie läßt sich durch eine fremde Sprache nicht erzwingen, am schönsten, und ich möchte sagen, einzig, gedeiht sie auf dem eigenen Boden der Nation, in ihrer ererbten und sich forterbenden Mundart. (…) Ist's nicht ein großer Gedanke unter so vielen Völkern, Ungarn, Slawen, Walachen, Keime des Wohlseins auf die fernste Zukunft hin ganz in ihrer Denkart auf die ihnen eigenste Weise zu pflanzen?»

Selbst diese schöngeistige Frage reichte aus, Herders *Briefe zur Beförderung der Humanität* gleich nach ihrem Erscheinen 1791 in Österreich aus dem Verkehr zu ziehen. Das Verbot tätigte übrigens jene Prüfstelle für Bücher, durch die der aufgeklärteste aller Habsburger das Zensurmonopol der katholischen Kirche brechen wollte.

Verschwörer

Geister und Seelen wurden von einem produktiven Mißverständnis beherrscht. Selbst die ärmsten und kaum des Lesens und Schreibens mächtigen sogenannten Bundschuhadeligen – die «mit sieben Pflaumenbäumen», wie sie spöttisch genannt wurden – verklärten die aus Paris einbrechende neue Zeit zu einer Renaissance an der Donau. Die Generalversammlung mit dem Dritten Stand erschien ihnen als ein echter Landtag, auf dem die Stände endlich Gebrauch vom Ur-Recht der freien Königswahl machten. Die 1790 kodifizierten Menschenrechte galten ihnen als eine moderne Variante der Goldenen Bulle aus dem Jahr 1222. Die Pragmatica Sanctio wurde von den Theoretikern der nationalen Bewegung als ein «contrat social» im Sinne Rousseaus ausgelegt, den man nun gegenüber dem Haus Habsburg kündigen konnte. Ein Pfarrer übersetzte die «Marseillaise» als «Lied von Marsilia» und formte die Revolutionshymne nach dem Geschmack von Árpáds Nachfahren um. Statt «Allons enfants de la Patrie, / le jour de gloire est arrivé», hieß es nun: «Erwache, Kämpfervolk der Heimat, / zieh deinen ruhmreich' Säbel aus.» Alles in allem war das – mit dem späteren Ausdruck von Isaiah Berlin – eine «falsche Morgenröte». Gotthardis Spitzel hatten alle Hände voll zu tun.

Einer von ihnen, der Abt und Universitätsprofessor für Mathematik, Physik, Chemie, Philosophie, im Grunde also aller damaligen Wissenschaften, Ignác Martinovics, stellte sich in einer «Unterthänigsten Nota» dem Kaiser Leopold (1790–1792) zur Verfügung und verpflichtete sich, «einen Plan zu entwerfen, wie man ganz Ungarn ohne alles Aufsehen, ohne Ew. Majestät nur im geringsten zu kompromittieren, zu einer reichen und glücklichen Monarchie umändern könnte». Martinovics bewegte sich vorwiegend in den Geheimkreisen der «Frey-Maurer». Allzuviel durfte er allerdings nicht berichten, denn die Wiener Regierung war ohnehin genauestens im Bilde, und nach dem Tod von Leopold verzichtete der neue Monarch Franz I. gänzlich auf seine Dienste.

Daraufhin organisierte der Abt die aufgeklärtesten Elemente des ungarischen Adels in einer gemäßigten «Gesellschaft der Reformatoren» und einer radikalen «Gesellschaft für Freiheit und Gleichheit», deren jeweilige Mitglieder von der Existenz des anderen Zirkels nichts wissen durften – bei den engen Beziehungen des Milieus und Überlappungen mit dem Logensystem eine konspirative Unmöglichkeit. Jedes Mitglied sollte zwei neue Anhänger gewinnen und die Zahl der Beteiligten so auf die als magisch erachtete Zahl von 200 000 erhöhen – eine Menge, die für eine Nachahmung der Französischen Revolution als notwendig betrachtet wurde. Zur Propaganda ihrer Ideen stellten sie Katechismen zusammen, die jedes Mitglied selbstverständlich heimlich lesen mußte. Eine kleine Kostprobe:

«Frage: Was für eine Gewalt tut der Tyrann den Rechten des Menschen an?

Antwort: Wegen der Gewalt des Tyrannen können die Rechte des Menschen zwar verstummen, doch sobald dieser eine gute Gelegenheit findet, die Ketten seiner Sklaverei zu zerbrechen, ist er sofort verpflichtet sich zu erheben.

Frage: Was bedeutet die Erhebung?

Antwort: Nichts anderes, als den Aufstand der nationalen Kräfte gegen die Tyrannen; das ist der letzte Zeitabschnitt der Sklaverei und der Morgen der Freiheit.»

Ein harmloser Gedankengang, möchte man meinen. Allerdings müssen wir die Entstehungszeit bedenken. Kaum anderthalb Jahre zuvor war das französische Königspaar der Erfindung des Doktors Guillotin zum Opfer gefallen, und die Königin war die leibliche Tochter von Maria Theresia. Robespierre lebte noch, und auch der Kanonendonner von Valmy, eine Katastrophe für die preußische Armee, klang noch in den Ohren von Europas Mächtigen. So schlug die wohlinformierte Regierung hart zu. Die Führer der höchstens zweihundert Anhänger zählenden Bewegung – potentielle Jakobiner und Girondisten – wurden auf der Budaer Blutwiese hingerichtet, einige von ihnen lange Jahre in den Festungen Kufstein, Spielberg oder Munkács (Mukačevo, heute Ukraine) eingesperrt. Der königlichen Gerichtstafel genügte es für ein Urteil, wenn jemand von der Existenz der beiden Katechismen gehört hatte, oder auch nicht: Zwei junge Juristen, die erwiesenermaßen weder handelnd noch wissend an dem geplanten Komplott beteiligt waren, endeten trotzdem auf dem Schafott. So etwas nannte man damals *iniuria*, später «Schauprozeß».

Auf die behutsamen Reformen der mütterlichen Kaiserin und die bürokratische «Perestroika» des «Königs im Hut» folgten nun drei Jahrzehnte politischer Stagnation.

Ein Nebenschlachtfeld: Literatur und Sprache

Als der grau gewordene Lehrer Ferenc Kazinczy nach sechs Jahren Festungshaft in einem winzigen nordungarischen Dorf Bányácska (Kleines Bergwerk) sein mütterliches Erbe als Grundbesitzer antrat, begann er neben eigenen prosaischen und lyrischen Werken und Übersetzungen (u. a. von Shakespeares *Hamlet* und Lessings *Emilia Galotti*) ein bereits früher begonnenes Unterfangen wieder aufzunehmen: die Modernisierung der ungarischen Sprache und die organisatorische Zusammenführung der bereits blühenden, doch verstreuten literarischen Szene.

Angeblich schufen die Sprachreformer ungefähr 20 000 neue Wörter, deren Hälfte die mündliche und schriftliche Sprache gerne als Ersatz für die gängigen deutschen oder lateinischen Ausdrücke aufnahm. Dabei folgten die Zungen und Ohren ihrem eigenen Geschmack. Das Wort *égeny* (Sauerstoff) kam nicht an, man blieb bei *oxigén*, während der ähnlich gebildete Ausdruck *higany* (Quecksilber) akzeptiert wurde. Das Problem mit dem Wort «Klavier» löste man in zwei Stufen. Zuerst nannten die Musikliebhaber das populäre Instrument *zenélő tambura* («musizierendes Tambur»), um sich später das musikalischer klingende *zongora* anzueignen. Dieser Prozeß dauerte jahrzehntelang und war Gegenstand heftiger Diskussionen. Eine systematische, akademisch abgesegnete Rechtschreibung entstand erst 1845.

Noch komplizierter verlief es mit der Literatur. Der Klassizist Kazinczy vertrat gegenüber dem mehrheitlich volkstümlichen Schrifttum den «höheren Stil» und geriet damit häufig in Konflikt mit den besten Autoren des Landes. Dem Dichterfürsten, der sein armes Dorf inzwischen in «Széphalom» (Schönhügel) umgetauft hatte, machte die Isolierung seines Buchstabenreiches trotzdem mehr zu schaffen. «Bei uns ist alles unreif», beschwerte er sich in einem Brief, «unser Lexikon ist eng, unsre arme Grammatik ist zögerlich, lückenhaft, unsre Stilistik ist straff und ungeschickt, und noch schmerzhafter ist, daß wir Schriftsteller und Leser vollkommen unvorbereitet sind. Wir haben keine Drucker, keine Buchverkäufer, unsere Bücher werden nur von den Verfassern gelesen, uns hindert alles und nichts hilft. Aber so etwas geschah auch anderswo und doch ist die Sache dann auch dort vorangegangen.»

Und dennoch: Die sprachliche und literarische Revolution trug mächtig dazu bei, Zeitschriften, Verlage und Vereine zu schaffen sowie eine Aura nicht nur für die Belletristik, sondern für jene öffentliche Auseinandersetzung, deren Inhalte zunächst im Schoß der Historie steckten und darauf warteten – um Herders Maxime zu zitieren –, «auf dem eigenen Boden der Nation, in ihrer ererbten und sich forterbenden Mundart» zu gedeihen.

Der europäische Kontext II

Der alte Kazinczy erlebte nicht mehr das Erscheinen des Poems *Der Ausgediente* von János Garay (1843) und hätte womöglich wenig Freude daran gefunden. In diesem alles andere als im «höheren Stil» vorgetragenen satirischen Werk erzählt der alte Haudegen János Háry in der Dorfkneipe von seinen Heldentaten während der Napoleonischen Kriege und tut dies ausgerechnet in der Versform des Nibelungenliedes. Unter anderem prahlt der späte Nachfahre von Plautus' *Miles gloriosus* damit, den Kaiser der Franzosen höchstpersönlich gefangengenommen und durch diese Heldentat die Liebe der bildhübschen Habsburgerin Marie-Louise gewonnen zu haben. Die charmante Lügengeschichte wurde erst später in Zoltán Kodálys Vertonung weltbekannt.

So viel anders als bei Garay erging es dem Wiener Hof gar

nicht. Der korsische Parvenü als Schwiegersohn von Kaiser Franz I. war eine kaum geringere Zumutung für das stolze Haus als die etwaige Ehe mit einem trunksüchtigen ungarischen Kleinadeligen – es war eine tödliche Parodie der klischeehaften Devise «bella gerant alii, tu, felix Austria, nube» (Kriege sollen andere führen, du, glückliches Österreich, heirate).

Trotz des Wiener Kongresses und der Restauration in Frankreich erlitt der Feudalismus auf dem alten Kontinent irreparable Schäden, welche die Heilige Allianz bloß oberflächlich behandeln konnte. Revolten in Spanien und Polen, Freiheitskrieg in Griechenland, Chartistenbewegung in England, Revolutionen in Belgien und Frankreich, Weberaufstände in Lyon und Schlesien zeigten die Hauptrichtung, in welche die Entwicklung führen sollte: die nationale, soziale und bürgerliche Wiedergeburt. Selbst im eisigen St. Petersburg marschierten einige waghalsige Offiziere vor dem Winterpalais auf, um Mütterchen Rußland die Demokratie beizubringen. Nicht zuletzt ging das berühmte Gespenst des Kommunismus ebenfalls zu Kanzler Metternichs Zeiten um in Europa, um später im Lesesaal der British Library politisches Asyl zu erhalten.

Die Reformlandtage

Das Schlüsselwort der ungarischen Reformzeit hieß «Kredit». Einer der reichsten Großgrundbesitzer des Landes, Graf Stephan von Széchenyi, veröffentlichte 1830 einen Traktat unter diesem Titel und löste damit die erste öffentliche politische Debatte im Lande aus. Seine These lautete: Wegen der Leibeigenschaft und des mittelalterlichen adeligen Erbrechts sind An- und Verkauf von Land und Boden und somit der Handel als solcher gelähmt. Vor allem fehle es an «Kredit», an einem modernen Bankwesen, in dem der Tauschwert und nicht das geerbte Vermögen das Sagen habe. Deshalb müßten unverzüglich und ohne Entschädigung die Bauern befreit werden. Der überzeugt auf Wien hin orientierte Magnat rüttelte in seiner Kritik nicht im entferntesten an der Institution der Monarchie. Vielmehr wollte er einer «Volksrevolution mit Blutflecken» vorbeugen.

Die Altkonservativen fanden dieses Programm zu radikal, die Liberalen, unter ihnen die führende Gestalt der Reformopposition, Baron Miklós (Nikolaus) von Wesselényi, zu vage. Jedenfalls thematisierte eine Reihe der wegen der Zensur zunächst im Ausland gedruckten Streitschriften die wahren Probleme der damals 23 Millionen Einwohner der Monarchie, von denen sich ungefähr 10 Millionen als Ungarn bekannten. Gemeinsam war den Autoren auch die Absicht, die Problematik der nationalen Selbstbestimmung mit den bürgerlichen Zielsetzungen in Einklang zu bringen. Der Dichter Ferenc Kölcsey formulierte rhetorisch: «Unsere Losungen waren: Heimat und Fortschritt.» Der Rechtsanwalt Ferenc von Deák fand einen konkreteren Slogan: «Freiheit und Eigentum.» Die beiden Komponenten des Forderungskatalogs wurden unter dem Stichwort «Vereinigung der nationalen Interessen» zusammengefaßt. In diesem Fall ging es um die Beseitigung der Kluft zwischen «Nation» und «Volk» – der 1514 ausgesprochene Fluch von István Verbőczy sollte gebannt werden. Ob dies ohne eine soziale Revolution überhaupt möglich war, bezweifelten nicht zu Unrecht die radikalen Intellektuellen der literarischen Bewegung «Junges Ungarn» sowie der einsame plebejische Wüstenprophet Mihály Táncsics. Er sah die Sache etwas anders als die geadelten Kampfgefährten: «Eine Wiese ist nicht deshalb kahl oder ohne Gras, weil der Adel sie nicht mit Grassamen besät hat, sondern weil die Pferdewagen und Rinder das Gras niedertreten. Dort soll also kein Rind laufen und kein Wagen fahren (…) Sie wird von allein nach dem Gesetz der Natur aufblühen, auch ohne die gnädige Erlaubnis von jemandem oder ohne gesät zu haben. So soll die privilegierte Klasse nicht das Feld des Volkes niedertreten, dessen Recht wird von allein zum Leben erwachen.»

Táncsics forderte in seinem Pamphlet *Des Volkes Stimme ist Gottes Stimme* (Leipzig 1846) also ähnlich wie die Liberalen «Freiheit und Eigentum», aber eben *Eigentum für alle*. Dieser fromme Wunsch reichte aus, ihn wegen eines «Pressedelikts» verhaften und in den Budaer Burgkerker einsperren zu lassen.

1825 ließ König Franz I. nach langer Pause den Landtag wieder zusammenrufen. Der Hof war erneut auf den unbotmäßigen Adel angewiesen, denn die Napoleonischen Kriege, an denen Ungarn sowohl finanziell als auch militärisch beteiligt war, hatten einen ökonomischen Trümmerhaufen hinterlassen. Allerdings debattierte man zunächst die Vorschläge aus den Jahren 1791–95, und die Mehrheit der Abgeordneten vertrat die gute, altbewährte «Gravaminalpolitik», das heißt man listete die traditionellen Kränkungen des mittleren und kleinen Adels auf. Außerdem bildeten die Sitzungen der von nun an regelmäßig stattfindenden Reformlandtage eine äußerst komplizierte und schwerfällige Prozedur.

Die sogenannte Obere Tafel vereinigte die weltliche und kirchliche Aristokratie, die per Abstammung dieser Körperschaft angehörten, während die Untere Tafel auf den 49 Komitatsversammlungen (selbstverständlich nur von dazu Berechtigten und offen) gewählte, sogenannte «Gesandte» nach Pozsony (Preßburg) geschickt hatte. Da nicht alle Magnaten von ihrem ererbten Recht unbedingt Gebrauch machen wollten, existierte noch die merkwürdige Kategorie der «Vertreter eines ferngebliebenen Oberhausmitglieds», zumeist eines Juristen, allerdings mit Verhandlungsrecht.

Falls die Komitatsversammlungen in einer Frage zu einheitlicher Meinung gelangten, reichten sie einen Vorschlag zunächst bei der Unteren, dann bei der Oberen Tafel ein, und

wenn diese damit einverstanden waren, landete der Gesetz-
entwurf auf dem Schreibtisch des Monarchen, genauer gesagt
seines Kanzlers, der über ein Vetorecht verfügte und dieses
auch eifrig nutzte. Die zurückgeschickten Vorschläge mußten
neu verhandelt werden, und im glücklichsten Fall wurden sie
schließlich angenommen. So erlebte Ungarns embryonaler
Parlamentarismus 1836 gleich zwei durchschlagende Erfolge:
Erstens durften die Leibeigenen ihr Land verkaufen – das
heißt, sie galten als Eigentümer –, zweitens galt Ungarisch von
nun an in der Gesetzgebung als Amtssprache.

Bei aller absurden Trägheit dieses Systems verfügte die
Preßburger «Diät» über einen enormen Vorteil: Ihre Sitzungen galten als öffentlich und hatten auf der Galerie ein ständiges Publikum. Einer der jungen Juristen, der als Vertreter
einen «ferngebliebenen», vielleicht mit der Jagd beschäftigten
oder das Wiener Leben genießenden Magnaten ersetzen
sollte, der junge Lajos (Ludwig) Kossuth, kam auf die ebenso
einfache wie geniale Idee, sogenannte «Parlamentarische Berichte» in Umlauf zu bringen. Diese wurden von jungen «Jura-
ten» von Hand abgeschrieben, damit sie nicht als Druckwerke
der Zensur oblagen, und die paar hundert Exemplare erreichten eine Leserschaft von Tausenden.

Nach dem Tod von Franz I. (1835) und dem Beginn der
Herrschaft von Ferdinand V. hielt die Wiener Kamarilla die
Zeit für gekommen, zurückzuschlagen. Zunächst verbot man
den Vertrieb der handschriftlichen Berichte, dann begannen
die Prozesse wegen «Untreue», die alle Kategorien der Opposition zur Zielscheibe hatten: Zuerst Wesselényi, dann einer der
eifrigsten Mitschreiber, László Lovassy, und zuletzt Kossuth
wurden zu mehrjährigen Haftstrafen verurteilt. Während der
Baron in seiner Zelle fast blind geworden und der Notar Lovassy um seinen Verstand gekommen war, überlebte der «Vertreter des ferngebliebenen» Magnaten die drei Jahre Kerker
und kam als populärster Politiker wieder heraus. Ohnehin war

der Geist längst aus der Flasche, und das wirkliche Wunder der Historie bestand darin, daß sich die Mehrheit der politisierenden Edelleute trotz ihrer Herkunft als Bürger, als Citoyens verhielt.

Der ungarische Vormärz

Die Debatte lief nun zwischen Stephan Széchenyi und Ludwig Kossuth, besonders als dieser Chefredakteur der ersten modernen Zeitung des Landes, *Pesti Hírlap*, wurde. Während der Graf ein Anhänger des «überlegten Fortschritts» blieb und einen Bruch mit der Dynastie als nationale Katastrophe betrachtete, befürworteten der von ihm des «Jakobinismus» verdächtigte Zeitungsgründer und seine Anhänger eine eindeutige Linie der nationalen Selbständigkeit, wenngleich im Rahmen der Gesamtmonarchie. Wichtiger war jedoch, was diese beiden Protagonisten der «Reformzeit» außerhalb der öffentlichen Arena leisteten, was im Grunde Metternichs politische Wetterfühligkeit mehr als jede Philippika von Preßburg herausfordern sollte.

Zu Széchenyis Neuerungen und Initiativen gehörten die Akademie der Wissenschaften, ein Verein für Tierzucht, die Schiffahrt, Fabriken, Dampfmühlen, Flußregelungen, der Ungarische Wirtschaftsverein, die Handelsbank und nicht zuletzt der Beginn des Baus der Kettenbrücke, an der übrigens auch Adelige Eintrittsgeld (Steuer!) zahlen sollten. Das meiste davon finanzierte er aus seinem Privatvermögen. Kossuth hingegen setzte sich mit öffentlichen Geldern unter anderem für die erste internationale Industrieausstellung, für einen Schutzverein des ungarischen Handels und insbesondere für den Ausbau eines modernen Eisenbahnnetzes ein. So geschah es, daß schon elf Jahre nach der Eröffnung der deutschen Eisenbahnlinie Nürnberg-Fürth die erste Lokomotive (ob das Teufelswerk nun *mozgony* oder *mozdony* heißen sollte, darüber stritten die Sprachreformer noch lange) vom Pester Bahnhofsgebäude in Richtung Vác raste. Außerdem entstanden in Pest, das während der Reformzeit zur eigentlichen Hauptstadt wurde, das erste Schwimmbad, die Sternwarte, zahlreiche Gasthöfe, Restaurants, Verlagshäuser, Theater, Anwaltsbüros, Buchhandlungen, selbst «öffentliche Häuser» usw. – also alles, was zu einer modernen Metropole gehörte. Aus dem früheren Viertel «Mahallah» der Türkenzeit begann die «Váci utca» in der Form zu entstehen, wie sie heute den Reisenden bekannt ist. Allerdings war ein Großteil der Bevölkerung noch deutsch, und neben den ungarischen Kulturzeitschriften wie *Honderű* (Heil der Heimat) oder *Életképek* (Lebensbilder) hieß das meistgelesene deutschsprachige Journal *Spiegel*.

In seiner Ode auf den Zollverein lobte zur gleichen Zeit Hoffmann von Fallersleben unter anderem «Leder, Salz, Schmalz, Puppen, Lichter, / Rettich, Rips, Raps, Lachs und Schnaps» als Schöpfer der deutschen Einheit. «Was kein Geist je konnte machen, / Ei, das habet ihr gemacht», feierte der Professor die revolutionäre Wirkung der Warenwelt. Der 24jährige Lyriker Sándor (Alexander) Petőfi versuchte als Augenzeuge des Triumphs der Technik einen tieferen Kontext herzustellen.

> Baut tausend Bahnen, baut noch mehr!
> Daß unbebaut nichts bleibe,
> Daß Bahnen laufen kreuz und quer
> Wie Adern in dem Leibe.
>
> Die Adern sind's, die Saft und Kraft
> Durch alle Länder leiten
> Und Handel, Kunst und Wissenschaft
> Befördern und verbreiten.
>
> Und wenn ihr sorgenvoll euch fragt,
> Wo man das Eisen fände:

Sprengt alle Ketten, die ihr tragt,
Viel Eisen gibt's am Ende!

(Aus dem Ungarischen von Max Farkas)

Die Märzrevolution

Der Völkerfrühling erreichte Ungarn an einem verregneten
Mittwoch, dem 15. März 1848. Zwei Haupthelden dieses Tages
waren der Dichter Petőfi und der Sozialrevolutionär Táncsics.
Der Lyriker leitete zunächst die oppositionelle Jugend vom
Kaffeehaus Pilvax zur Druckerei Landerer & Heckenast und
ließ dort zwei von der Zensur nicht genehmigte Dokumente
drucken. Das erste war sein «Nationallied» mit dem berühmten Refrain, einer Schwurformel, sich nie mehr der Tyrannei
zu beugen, und da das Gedicht Dutzende Male öffentlich vor-
getragen und in Tausenden Exemplaren als Flugblatt verbreitet wurde, gelang es damit, die Menge sozusagen auf die Freiheit zu vereidigen.

Das andere freie Druckwerk bildeten die sogenannten
Zwölf Punkte – in ihnen forderte man sämtliche bürgerlichen
und nationalen Freiheiten, den Abzug der österreichischen
Truppen aus Ungarn und die Rückkehr aller ungarischen Soldaten, die in der Armee der Monarchie von Italien bis Polen
dienten. Man verlangte eine unabhängige ungarische Regierung, die ausschließlich dem jährlich in Pest zusammenzuru-
fenden Landtag verantwortlich sein sollte. Des weiteren bestand man auf der Schaffung einer Heimatarmee, allgemeiner
Steuerpflicht, bürgerlicher Gleichheit vor dem Gesetz, einer
«Union mit Siebenbürgen» und schließlich der «Freilassung aller politischen Staatsgefangenen».

Die letzte Forderung wollte man ebenso wie die Pressefreiheit gleich in die Praxis umsetzen. Da in Pest gerade ein Wo-
chenmarkt stattfand, war die Stadt voller Händler und Hand-

werker. Diese zogen zusammen mit der Universitätsjugend über die Schiffsbrücke nach Buda, und die ungefähr 20 000 Demonstranten versammelten sich vor dem Amtsgebäude des Statthalters, wo eine Delegation die Herrschaften aufforderte, den einzigen «politischen Staatsgefangenen» Táncsics freizulassen. Die Behörde willigte spontan ein, und die Rückfahrt nach Pest glich einem Triumphzug. Die Leute spannten die Pferde von der Kutsche ab und schleppten den alten Schriftsteller selber über die Donau.

Weder Táncsics noch Petőfi gehörte jedoch nach diesem Tag noch zu den Gefeierten der Nation. Der Weberlehrling von einst gründete eine «Arbeiterzeitung» und vertrat in dieser ebenso wie auf dem im Juni zusammengerufenen Landtag die äußerste Linke, von den Gemäßigten bestenfalls wohlwollend ausgelacht. Petőfi schaffte es nicht einmal, dem noblen Klub der Volksvertreter anzugehören. Vielmehr bestand seine Laufbahn in der von ihm maßgebend mitinspirierten Revolution aus einer Kette von Konflikten.

Das Desaster der beiden hing direkt mit dem eigentümlichen Charakter der Märzereignisse zusammen. Diese verliefen weitgehend friedlich, während gleichzeitig in jenen Tagen der ganze Kontinent in Flammen stand. Paris, Wien, Berlin, die Zentren der Heiligen Allianz, waren gelähmt, Throne stürzten, Tyrannen flüchteten (der Fürst Metternich verkleidet), Revolutionsausschüsse, Studentenkomitees und Nationalgarden schossen wie Pilze aus dem Boden.

Der bedrängte Wiener Hof mit dem alten und geistesschwachen Ferdinand V. an der Spitze erließ eiligst die Gesetze, welche das Verhältnis von Ungarn und Österreich in eine Personalunion verwandelten. Im April formierte sich die Regierung in Pest. Kossuth, der sich am historischen Märztag in Preßburg befunden hatte, erhielt den Posten des Finanzministers. Im Juni fanden die ersten freien Wahlen statt, bei denen nur noch der Geldzensus und ungarische Sprachkenntnisse zählten – ungefähr dreißig Prozent der Bürger beteiligten sich an den offenen Abstimmungen.

Allerdings steckte ausgerechnet in der Leichtigkeit der Veränderungen eine Gefahr, welche die siegreichen Liberalen völlig außer acht ließen, während die mit allen Wassern gewaschenen Politikmacher der Burg von Anfang an damit rechneten. Während die Ungarn ihre Unabhängigkeit als eine Restitution von St. Stephans Königreich begriffen (von einer Republik träumten höchstens Leute wie Petőfi und Táncsics), bedeutete der März 1848 für andere Völker der Monarchie – Serben, Kroaten, Rumänen, Slowaken und Tschechen – ebenfalls eine nationale Wiedergeburt, deren Energien jedoch mit mehr oder weniger Vehemenz gegen das freie Ungarn gerichtet waren. Die Nationalversammlung von Rumänien stellte Ungarns «Union mit Siebenbürgen» in Frage, und bald darauf brach ein blutiger Aufstand gegen Ungarn los. Der k.u.k. Offizier, romantische Lyriker und von Wien ernannte kroatische Ban Josip Jellačić weigerte sich, sein Land der ungarischen Krone unterzuordnen, und begann mit der Aufstellung einer eigenen Armee, die schon bald aus 200 000 Soldaten bestand. Die serbische Nation scharte sich um den Patriarchen Rajačić und begann im Süden einen Partisanenkampf. Die von Wien gesteuerte Gegenrevolution gab sich national. Und da schlug Kossuths Stunde.

Der Revolutionsführer

Vollbart, dunkelbraunes Haar, blaue Augen, magyarische Tracht mit den obligatorischen Posamenten und Schnüren, Säbel am Gürtel – so lebt das Abbild Lajos Kossuths im kollektiven Bewußtsein fort. Seine Stimme gehört noch dazu, die mal als «samten», mal als «donnernd» beschrieben wird und als eigenes Ästhetikum der Revolution von 1848 gilt. Keine andere

Persönlichkeit der ungarischen Geschichte hat die Phantasie des Volkes dermaßen stark beschäftigt und hält sie noch immer gefangen. «Unser Vater Kossuth» hat in jeder ungarischen Gemeinde ein Denkmal oder eine Straße. Sein Mythos lebt bis heute in Volksliedern fort, die von einer sanften Bewunderung geprägt sind.

Während der Herbstkrise spalteten sich jene Kräfte, die im März noch einheitlich hinter der Revolution gestanden hatten. Die Regierung des gemäßigten Liberalen Graf Batthyány dankte bereits im September ab, Graf Széchenyi fiel in eine tiefe «zyklische Psychose» (die Zeitgenossen sprachen von «geistiger Umnachtung») und ließ sich bis zu seinem Selbstmord (1860) in einem privaten Sanatorium in Döbling bei Wien behandeln. Im Oktober ernannte Ferdinand V. Jellačić zum Oberbefehlshaber der österreichischen Streitkräfte in Ungarn. Das war übrigens eine seiner letzten Instruktionen, denn im Dezember zwang ihn die Kamarilla zur Abdankung und wählte den achtzehnjährigen Franz Joseph zum Kaiser, der sich nicht mehr an die Zugeständnisse seines Vorläufers gebunden fühlte.

Der budgetlose Finanzminister Kossuth ließ im Oktober ein Komitee zur Verteidigung der Heimat gründen. Auf einer Rundreise durch das Land sammelte er durch begeisternde Reden Anhänger und rüstete mit eigens dafür emittierten «Kossuth-Banknoten» eine nationale Armee auf. Als Offiziere dienten darin unter anderem Polen wie Jozef Bem und Henrik Dembinszki, geborene Franzosen wie Richard Guyon, Serben wie János Damjanics, Deutsche wie Karl von Leiningen-Westerburg und sogar Österreicher wie Ernst von Pöltenberg. Unter ihren «Honvéd» (Heimatschützer) genannten Soldaten kämpften Vertreter aller Volksgruppen der Monarchie, unter anderem Tausende von Juden, die übrigens im Emanzipationsgesetz vom Juni 1849 zu gleichrangigen Staatsbürgern erklärt wurden.

Mit dem Revolutionsorgan wollte Wien nichts mehr zu tun zu haben; vielmehr erklärte man alle Anhänger des Komitees zu Rebellen und ehemalige Offiziere der Armee der Monarchie automatisch zu Hochverrätern. Mit der sogenannten «oktroyierten Verfassung» von Olmütz (März 1849) gliederten die Habsburger Ungarn in das Gesamtreich ein.

Damit war das Schicksal der Revolution scheinbar besiegelt. Trotzdem gelangen der nach Debrecen geflüchteten Regierung und der von Kossuth organisierten Honvéd-Armee eine Serie von Siegen über Österreich. Nicht von ungefähr verglich Heinrich Heine den tragischen Kampf der Ungarn mit dem Untergang der Nibelungen. Ausgerechnet an dem Tag, dem 21. Mai, als einer der begabtesten Generäle der Revolution, Görgei, die Hauptstadt Buda wieder einnehmen konnte, erklärten der junge Kaiser und der russische Zar Nikolaus I. in Warschau einen gemeinsamen Krieg gegen die Rebellen. Gegen das 200 000 Mann starke Heer des Zaren war die Regierung von Debrecen ohnmächtig. Sie flüchtete zunächst nach Szeged, dann nach Arad, und schließlich legte Görgei am 13. August 1849 bei Világos die Waffen nieder. Der junge Dichter Petőfi fiel in einer der letzten Schlachten, Kossuth und seine Gefolgsleute flüchteten aus dem Land.

Der Oberbefehlshaber Julius Freiherr Haynau, den die italienischen Aufständischen wegen seines brutalen Umgangs mit der Zivilbevölkerung den «Bluthund von Brescia» nannten, errichtete auch in Ungarn ein Terrorregime – mehr als hundert Hinrichtungen fanden statt, unter ihnen 13 Hauptoffiziere der Revolutionsarmee, die in Arad gehenkt wurden. Selbst der gemäßigte Premier Batthyány wurde in der österreichischen Kaserne «Neugebäude» von Pest erschossen. Tausende wanderten in die berüchtigten Festungen von Kufstein und Spielberg, sämtliche Honvéds mußten zur Strafe weiter in der österreichischen Armee dienen – die Dienstzeit dauerte gewöhnlich sieben Jahre.

Eine besonders grausame Grimasse der Geschichte bestand darin, daß, während Széchenyi, von Selbstanklagen gequält, praktisch als Gefangener der Habsburger in Döbling unter ärztlicher Kontrolle stand, sein Lebenswerk, die Kettenbrücke, im November 1849 von Julius Haynau feierlich dem öffentlichen Verkehr übergeben wurde.

Der europäische Kontext III (Wie Kossuth es sah)

Kossuth blieb bis zu seinem Tod 1894 im Exil und gab seine Pläne, eine zweite Ausgabe der Märzrevolution zu ermöglichen, noch lange nicht auf. Der Höhepunkt seiner internationalen Popularität fiel auf die fünfziger Jahre. Auf seinen Rundreisen versuchte er die westliche Öffentlichkeit zugunsten seiner Heimat zu gewinnen. In Paris und London war er ein Held der Tagespresse, an den man Oden schrieb, aber die größte Erfolgsserie brachten seine Reden jenseits des Ozeans. Baltimore, Washington, Columbus, Cincinnati und Louisville hörten mit angehaltenem Atem seine rhetorisch pompös aufgebauten Reden in jenem etwas antiquierten Englisch, das er im Budaer Burgkerker anhand von Shakespeares Dramen gelernt hatte.

Er war bereit, sich mit jedem zu verbünden, von dem er die Befreiung Ungarns erwartete: Napoleon III., Bismarck, Cavour und Palmerston erschienen ihm ebenso als geeignete Partner wie die italienischen Revolutionäre Mazzini, Garibaldi oder der russische Demokrat Alexander Herzen. Hingegen sah Friedrich Engels, der ihn einmal «Danton und Carnot in einer Person» nannte, in ihm nur noch einen politischen Abenteurer.

Der Schlüssel der «ungarischen Frage» lag auch diesmal in der äußeren Konstellation. Als der Oberbefehlshaber der russischen Armee, Fürst Paszkiewicz, im September 1849 seinem

Herrscher mit Stolz berichtete: «Ungarn liegt vor den Füßen Eurer Majestät …», ließ diese Mitteilung das offizielle Europa aufatmen. Schließlich endete bei Világos nicht bloß der Krieg zwischen einem exotischen Reitervolk und der ältesten europäischen Dynastie, sondern der Völkerfrühling schlechthin. Das Geschehen danach dominierte der Wunsch nach dem immer wieder heraufbeschworenen und doch illusorischen «Gleichgewicht». In Frankreich hoben die Anhänger der heilen Welt Napoleon III. auf den Thron. Der «eiserne Kanzler» an der Spree arbeitete an der preußischen Vereinigung Deutschlands, dem König von Neapel schwebte ein «bella Italia» ohne allzuviel Demokratie vor, und Großbritannien war dabei, seine Macht im rebellierenden Indien zu stabilisieren.

Das Merkwürdige dabei ist, daß der allmählich zum Staatsmann werdende Kossuth all dies bereits im Sommer 1848 ahnte. In seiner berühmten Rede am 11. Juli vor dem Pester Landtag, in der er um 42 Millionen Forint Steuern zum Zweck einer nationalen Armee warb, machte er keinen Hehl aus der Isolation seines Landes:

«Gleich in den ersten Tagen unseres Amtsantrittes hat sich das Ministerium mit der englischen Regierung in Verbindung gesetzt (…). Von seiten der englischen Regierung haben wir eine Antwort bekommen, wie wir sie von der freisinnigen Denkungsart, zugleich aber von der ihre eigenen Interessen nüchtern erfassenden Politik dieser Nation erwarten konnten. Wir können unterdessen überzeugt sein, England werde uns nur dort und sofern unterstützen, als es dies mit seinen eigenen Interessen vereinbar finden wird.

Das zweite ist Frankreich. Ich hege für die Franzosen als die Vorkämpfer der Freiheit das höchste Mitgefühl; aber doch will ich das Leben meiner Nation von ihrem Schutze, von ihrem Bündnisse nicht abhängig wissen. Frankreich steht an der Schwelle einer Dictatur. (…) So viel ist gewiß, daß Frankreich weit von uns ist. Auch Polen hat sich auf französische Sympathie gestützt, die Sympathie war wohl da, und doch ist Polen nicht mehr!

Das Dritte ist das deutsche Reich. Meine Herren! Ich sage es offen, daß ich die natürliche Wahrheit dessen fühle: Die ungarische Nation sei berufen, mit der freien deutschen Nation (...) in innigen und freundschaftlichen Verhältnissen zu leben (...). Aber weil eben die Frankfurter Versammlung noch in den Geburtswehen lag und noch kein Körper sich aus der Form entwickelt hatte, (...) so ist noch jetzt einer unserer Gesandten dort, um in dem Augenblicke, wo Jemand vorhanden sein wird, mit dem man sich in amtliche Berührungen einlassen kann, zu unterhandeln wegen jenes freundschaftlichen Bundes, der unserm Wunsche nach zwischen uns und Deutschland bestehen soll (...); so aber, daß wir von unsern Rechten, von unserer Selbständigkeit, von unserer nationalen Freiheit auch nicht ein Haar breit abweichen werden.»

Keiner der nach und nach ausbrechenden europäischen Kriege erwies sich als hilfreich für die Projekte des Emigranten, wobei er sogar bereit war, auf den Traum vom Stephansreich zu verzichten und aus den ehemals verfeindeten Nationalitäten eine demokratische Konföderation zu bilden mit gleichen Chancen für «Bürger gemischter Zunge» (1859). Vor allem jedoch zeigte sich in Ungarn selbst keine relevante Gruppe, welche den alten Handschuh erneut aufnehmen und einen anderen als nur passiven Widerstand gegenüber dem Wiener Absolutismus demonstrieren wollte.

Allerdings tat Mars das seinige – der Krimkrieg, der Piemontfeldzug und schließlich Preußens Sieg über Österreich bei Königgrätz (1866) schwächten die Position der Monarchie dermaßen, daß sie allmählich bereit war, einen Dualismus mit Ungarn einzugehen. Als dieser Pakt, in der Doppelmonarchie «Ausgleich» genannt, 1867 zustande kam, befand sich der alternde Revolutionsführer auch seelisch bereits im Exil. Die Versöhnung der Nation mit der Dynastie hat sein ehemaliger

Mitstreiter Franz von Deák durch Hartnäckigkeit und Flexibilität, gegen Kossuths Protest, ausgehandelt. Franz Joseph wurde in der Budaer Matthiaskirche zum Herrscher Ungarns gekrönt, und die Aprilgesetze von 1848 traten – mit zwanzigjähriger Verzögerung – in Kraft. Ungarn wurde zumindest innenpolitisch ein unabhängiger europäischer Staat.

«Werfen wir einen Schleier über die Vergangenheit», hieß der offizielle Slogan. Ein satirisches Modejournal – die Presse war noch nie so frei – illustrierte den berühmten Satz. Auf dem Titelblatt sah man einen Schleier und dahinter das durchschimmernde Bild der dreizehn Generäle unter dem Galgen von Arad.

III. Zwischen Frieden und Kriegen

Die heile Welt des Dualismus

Eines der Hauptargumente Kossuths gegen den Ausgleich findet sich in seinem berühmten «Kassandrabrief» vom Mai 1867 an den Jugendfreund Deák: Die Bindung des Schicksals des Landes an das Habsburgerreich habe angesichts dessen laut seiner Auffassung bevorstehenden Untergangs «den nationalen Tod» Ungarns heraufbeschworen. Ohnedies gefiel dem alten Mann der Reformzeit die schöne, neue Welt nicht. In einem fast testamentarischen Privatbrief schalt er seine Landsleute wie folgt: «Die Ungarn beten jetzt vor dem Altar fremder Götter, aber der Gott der Gerechtigkeit ist noch nicht gestorben, nur weil sein Altar verlassen wird. Es ist gut, diesen Glauben mit ins Grab zu nehmen – das ist alles, was ich mitnehme.»

Die Person des «Eremiten von Turin» schwebte noch lange über der ungarischen Politik, löste höchst peinliche Situationen und dauerhaft zwiespältige Haltungen aus. So führte 1879 ein Gesetz, nach dem Kossuth, falls er nicht mindestens bei einer Gesandtschaft der Monarchie die ungarische Staatsbürgerschaft beantragte, diese automatisch verlieren sollte, zu einer Krise, die mit der Abdankung des Regierungschefs Kálmán Tisza endete. Der Revolutionsführer selbst betrachtete sein freiwilliges Exil als «lebendigen Protest» gegen die Herrschaft von Franz Joseph, und der Haß beruhte auf Gegenseitigkeit. Als Kossuth starb, durfte seine Beerdigung nur die Hauptstadt organisieren und eine Beteiligung an diesem das ganze Land bewegenden Ereignis war jedem Regierungsmitglied strikt untersagt.

Der nicht enden wollende, übertriebene Kult um Kossuth (er wurde zu Lebzeiten von 30 Städten zum Ehrenbürger gewählt) und die Jahre 1848/49 standen bereits damals in krassem Widerspruch zu den ebenso begeisterten Feiern des Monarchen. Dieselben Schulbücher trauerten um die Opfer des Terrors nach der Niederwerfung des Aufstandes – «Alles verstummte (…). In dieser Stummheit hörte man nur noch das Schluchzen der Witwen und Waisen. (…) Unter den Opfern der nach Blut lechzenden Rache befanden sich die dreizehn heldenhaften Generäle» – und huldigten gleichzeitig dem Henker von damals: «Sein königliches Herz und sein ritterlicher Charakter fanden Anklang bei der Nation, und mit seiner väterlich-guten Seele gab er ein Beispiel dafür, wie man die Heimat lieben und die Gesetze achten muß. Deswegen ruft jeder Sohn und jede Tochter der Heimat mit kindlicher Liebe und reinem Herzen den Wunsch aus: Es lebe der König!»

Von Kossuths Zukunftsängsten war mittelfristig so gut wie nichts zu spüren. Die Stabilität der Monarchie schien bis zuletzt außer Frage zu stehen. Wie ein Zeitgenosse bereits über den Anfang des 20. Jahrhunderts schrieb: «Diejenigen, welche die Monarchie und ihre stehenden Wasser liebten, spürten, daß sie im Sterben liegt, diejenigen, die sie haßten, waren davon überzeugt, sie würde ewig bestehen.»

Die Politik war zunächst von der sogenannten «staatsrechtlichen Frage», das heißt der Teilung der Macht und Verantwortung zwischen beiden Hälften des Doppeladlers bestimmt. Nach dem «kleinen Ausgleich» mit Kroatien (1868) und dem ökonomischen Vertrag mit Österreich entstand ein Staatsmodell mit zwei Zentren (Wien und Pest-Buda, seit 1872 Budapest), ergänzt durch die speziellen Rechte des Kaisers und Königs, der über den sogenannten «gemeinsamen Ministerrat» das ungarische wie das österreichische Parlament auflösen oder deren Entscheidungen ablehnen konnte. Dazu gehörten das autonome Kroatien und die nicht ungarisch (rumänisch,

serbisch, deutsch u. a.) besiedelten Teile des Königreichs Ungarn, deren Völker zwar eine individuelle, aber keine kollektive politische Autonomie erhalten hatten, obwohl sie vieler-
orts die Mehrheit der Bevölkerung ausmachten. Und doch
schien diese Konstruktion anfänglich Früchte zu tragen.

Die fast fünfzig Jahre Friedenszeit und die ebenso lang anhaltende liberale Ära garantierten trotz unvollkommener de-
mokratischer Institutionen und zeitweiliger Versuche, einen
Obrigkeitsstaat zu etablieren (polizeiliche Auflösung des Parlaments, blutige Auseinandersetzungen mit den sozialistischen
Agrarbewegungen, Ausgrenzung der Sozialdemokraten als
«vaterlandslose Gesellen» aus der Landespolitik), eine organi-
sche Entwicklung vor allem der städtischen Wirtschaft und
eine Modernisierung des geistigen Lebens. Die Feierlichkeiten
von 1896 zum tausendjährigen Bestehen des ungarischen Staates demonstrierten der großen weiten Welt vor allem eine
Hauptstadt mit völlig zeitgemäßer Infrastruktur, nicht zuletzt
mit dem ersten, teilweise von der Siemens AG mitgebauten
U-Bahn-Netz des Kontinents.

Wie stark der «freisinnige» Geist dieser Jahrzehnte war,
zeigte sich in der Debatte um die zivile Ehe, die das Monopol
der großen Kirchen in dieser Frage endgültig gebrochen hatte.
Als der schwelende Antisemitismus in einem kleinen Dorf
den Tod eines jungen Mädchens zum Anlaß nahm, gegen die
Juden die mittelalterliche «Blutanklage» zu aktualisieren, ließ
das Gericht 1883 die jüdischen Opfer freisprechen. Die Juden –
inklusive die Flüchtlinge aus dem Osten – waren zu dieser Zeit
nicht einfach toleriert, sondern gewissermaßen «positiv diskri-
miniert» – der König verteilte an jüdische Industrielle und
Bankiers Adelstitel, und manche Helfer des Hofes brachten es
sogar zu Freiherrn. Durch die wachsende Zahl der assimilierten Israeliten – 1869: 500 000, 1890: 700 000, 1910: 900 000 –
wollte man den Anteil der Ungarn in der östlichen Hälfte der
Monarchie aufbessern. Selbstverständlich gehörten bei wei-

tem nicht alle «Mitbürger mosaischen Glaubens» zur Geld-
aristokratie. Es gab ebenso verarmte Kleinbürger, Bauern,
Proletarier jüdischer Herkunft, und die damals annähernd
eine Million zählende Minderheit war auch in der sich damals
entfaltenden Arbeiterbewegung stark vertreten.

Diese wiederum veränderte maßgeblich das idyllische Bild
von der nationalen Eintracht. In den Fußstapfen von Marx,
Lassalle und unter der Beratung von Karl Kautsky forderte die
1880 gegründete Allgemeine Arbeiterpartei (später Sozialdemokratische Partei) die Ablösung des kapitalistischen Systems
durch den Sozialismus. Die konkreten Forderungen waren
weniger radikal: Achtstundentag und allgemeine, gleiche und
geheime Wahlen ohne Geldzensus. Ihre Großkundgebung
vom 1. Mai 1890 wurde auch von der bürgerlichen Presse aner-
kennend wahrgenommen: «In Budapest ist die Demonstration in beispielhafter Ordnung verlaufen, obwohl große
Massen mobilisiert wurden. (…) Die verschiedenen Fabriken,
Industriebetriebe, Arbeiterverbände und Handwerkervertre-
tungen zogen in selbständigen Gruppen in das Stadtwäldchen,
mit Kokarden von besonderer Farbe an der Brust», berichtete
das Sonntagsblatt. Die Zeitung der Partei *Népszava* (damals
auch in deutscher Sprache als *Volksstimme* gedruckt) erreichte
weit über die Mitglieder der Partei und Gewerkschaften hinaus eine breite Leserschaft.

Nicht alle Demonstrationen verliefen in derart «beispielhafter Ordnung». Mit der auf die Gründerzeit folgende Rezession
verschärften sich die sozialen Konflikte, und mangels besserer
Argumente wurde auch scharf geschossen. Eine passive, aber
besonders schmerzhafte Form der Proteste bildete die von
manchen Wissenschaftlern auf mehr als eine Million ge-
schätzte Zahl der Auswanderer, vor allem in die USA. Mehrheitlich handelte es sich dabei um Handwerker und noch
mehr um Bauern, deren Schicksal auch von seiten der sozial-
demokratischen Bewegung nicht die gebührende Aufmerk-

samkeit erfuhr. Dennoch war nicht die «soziale Frage», sondern die Lage der Nationalitäten der eigentliche Sprengstoff jener Zeitbombe, die langsam, aber unaufhaltbar zur Auflösung der Monarchie beitrug.

Der europäische Kontext IV

Eines der mit dem Ausgleich eingebürgerten Gewohnheitsrechte war die Ernennung von Ungarn auf manche Ministerposten der Gesamtmonarchie. So regierte von 1871 bis 1879 am Wiener Ballhausplatz Graf Gyula (Julius) von Andrássy. Der ehemalige Achtundvierziger betrieb eine Strategie der Annäherung an Bismarcks Deutschland, ohne dessen vorsichtige Linie gegenüber Rußland zu teilen. Nach dem Berliner Kongreß (1878) leistete er seinem Kaiser einen echten Bärendienst: die Okkupation von Bosnien innerhalb des von der Türkei («Europas kranker Mann») unabhängig gewordenen serbischen Staates. Mit diesem Schritt und der darauffolgenden Einverleibung des Landesteils (1908) trat die Monarchie geradezu in ein Wespennest.

Andrássys zweiter Flop bestand in einem deutsch-österreichischen Vertrag (1879), der ohne Rücksicht auf die Interessen des Zarenreiches zustande kam. Vielleicht war dabei die antirussische Einstellung des ehemaligen Kossuth-Anhängers, vielleicht aber nur die «Realpolitik» am Werke. So oder so knüpfte er die Interessen der Monarchie und damit auch von Ungarn an ein Deutschland, das nach Bismarcks Entlassung (1890) immer offener imperialistische Ziele verfolgte.

Die neunziger Jahre standen bereits im Zeichen der Herausbildung jener beiden großen Koalitionen, die Europas Schicksal nachhaltig beeinflussen sollten: Auf der einen Seite stand Deutschland mit seiner hochmodernen und militärisch ausgerichteten Industrie, auf der anderen Großbritannien mit seiner Weltmacht. Alle kleineren oder schwächeren Staaten schlugen sich, ohne es zu wollen, auf eine der beiden Seiten. Frankreich, dem der Verlust des Elsaß noch in den Knochen saß, sah sich gezwungen, früher oder später trotz kolonialer Rivalitäten mit England die Verbindung zu intensivieren, während das innerlich zerrüttete Rußland nach der Beseitigung der Türkenherrschaft auf dem Balkan Fuß zu fassen suchte.

Ausgerechnet in diesem Vorhaben tickte die bereits erwähnte Zeitbombe. Fast alle Regierungen und Parteien nach 1867 waren mit dem Problem der nationalen Minderheiten konfrontiert, diesmal jedoch nicht in der relativ harmlosen Form der Forderung nach mehr politischen, kulturellen und sprachlichen Rechten, sondern in einem stufenweise entstehenden Programm der Selbstbestimmung. Ihnen diese zu gewähren hätte eigentlich bedeutet, auf die Staatsdoktrin der «ungarischen Suprematie» (Oberhoheit) zu verzichten, die eine Art Ersatz für die wirkliche Souveränität des Landes war. Ihnen diese nicht zu gewähren barg in sich die Gefahr, daß sie wie zu Jellačić' Zeiten auf die Spannungen zwischen den beiden Trägern der Donaumonarchie bauten. Es war ein offenes Geheimnis, daß die höfische Fraktion um den Erzherzog und Thronfolger Franz Ferdinand ganz eindeutig die Absicht hegte, über die Gleichstellung des tschechischen Landesteils den Dualismus durch eine Dreigliederung des Reiches zu ersetzen.

Selbstverständlich schadeten der Sache die ansonsten wirkungslosen Versuche, diese Völker gewaltsam zu magyarisieren – so ein Gesetz aus dem Jahre 1907, das jeder Nationalitätenschule, die Ungarisch nicht als Pflichtfach einführte, die staatliche Unterstützung verweigerte. Ebenso unsinnig war das neue Statut der Eisenbahn, dem entsprechend auch in kroatischen Zügen jeder Schaffner ungarisch sprechen mußte. Das waren sicher die Auswüchse eines von Beamtenadeligen und assimilierten jüdischen Großbürgern gleichermaßen ge-

tragenen Traums von «30 Millionen Ungarn», den selbst konservative und autoritäre Politiker wie der Ministerpräsident
Graf István Tisza nicht teilen konnten. Letzterer versuchte
1913 mit den Führern der rumänischen Nationalen Partei eine
Einigung zu erreichen – vergeblich.

Es war einfach zu spät. Die Balkankriege 1912/13 zeichneten
bereits die Atmosphäre des allgemeinen nationalen Hasses
vor. Als der reisende Journalist Leo Trotzki im Oktober 1912
ein Telegramm von Budapest nach Belgrad aufgeben wollte,
wurde ihm mitgeteilt, daß die serbische Post kein deutschspra-
chiges Fernschreiben annehmen und die ungarische keine De-
pesche in irgendeiner slawischen Sprache weitergeben würde.
Dabei herrschte zwischen den beiden Staaten keineswegs
Kriegszustand.

Die zwei Militärblöcke – die Entente und die Zentralmächte – waren mit ihren technisch voll ausgerüsteten Milli-
onenheeren und Flotten jedoch schon längst aufgestellt. Es
fehlte ihnen nur noch der Zankapfel sowie ein erster Schuß:
Diesen feuerte der Gymnasiast Gavrilo Princip am 28. Juni 1914
in Sarajevo ab – angeblich im Auftrag einer der serbischen
Regierung nahestehenden Terrorgruppe namens «Schwarze
Hand». Die beiden Opfer waren der Erzherzog und Thronfolger Franz Ferdinand und seine Gattin, Sophie von Chotek. Der
Erzherzog wollte eigentlich als Generalinspekteur der bewaffneten Kräfte der Monarchie ein Militärmanöver in der ungarisch besetzten Stadt besichtigen.

Rausch und Katzenjammer

Es war eine sonderbare,
höchst sonderbare Sommernacht.
Wir wußten, daß der Mensch gebrechlich ist
und sehr viel Güte schuldig bleibt.
Umsonst – es war doch zum Verwundern,
der Umsturz dieser abgelebten, gewesenen Welt.
Es war eine sonderbare,
höchst sonderbare Sommernacht.

So schrieb einer der wenigen Kriegsgegner der ersten Stunde, der Lyriker Endre Ady (1877–1919), über die Nacht vom 24. auf den 25. Juni 1914 – es tobte damals ein außerordentlich starkes Gewitter. Zufälligerweise fiel der Tag der Naturkatastrophe mit dem Ultimatum der Monarchie an Belgrad zusammen, worüber wiederum der Leitartikler einer liberalen Abendzeitung in unverhüllter Kriegsrhetorik schwadronierte: «Der König von Serbien, die serbische Politik, die serbische Armee und das serbische Volk erhielten einen Befehl, der bis Morgen erfüllt werden muß. Wenn Serbien auch ein Wort davon nicht erfüllt, müssen wir unsere Kanonen sprechen lassen. Nicht nur wir, sondern ganz Europa sind aufs höchste gespannt, was die Serben uns antworten werden. Befolgt Serbien den Befehl, dessen Inhalt und Diktion in der Geschichte der Diplomatie nichts Vergleichbares kennt, oder wählt es den Selbstmord, wenn es auf Handkuß und unbedingte Unterwerfung verzichtet?»

Wenn ein Land kein irgendwie geartetes Interesse an dem Krieg mit Serbien besaß, war das Ungarn – selbst ein Sieg oder Terraingewinn hätte nur das ohnehin heikle Gleichgewicht zuungunsten des ungarischen Bevölkerungsanteils verschoben. Dies erklärt unter anderem das anfängliche Zögern des Regierungschefs Tisza, wegen des ohnehin unbeliebten Thronfolgers militärisch vorzugehen. Als dann Rumänien (aufgrund von heimlich übermittelten territorialen Versprechungen der Entente) zunächst neutral blieb, um sich später offen gegen die Zentralmächte zu wenden, war klar, daß die größte potentielle Gefährdung im Falle eines Mißerfolgs der Verlust von Siebenbürgen wäre. Schließlich lenkte der Regierungschef doch ein und erwies sich sogar, was die militärischen und finanziellen Anstrengungen betraf, als übereifrig.

Ohne die Frage der Verantwortung und vor allem die besondere Kriegsschuld Deutschlands leugnen zu wollen, müssen wir hier auf ein einzigartiges Phänomen hinweisen: auf die spontane Kriegspsychose, eine «geistige Mobilmachung» aus freien Stücken auf beiden Seiten der Front, die später so unterschiedlichen Denkern wie Julien Benda, Elias Canetti oder Sigmund Freud geistige Nahrung lieferte. Diesen Krieg wollten zumindest am Anfang fast alle, von den Eliten bis zu den Proletariern, von den Kirchenfürsten bis zu ehemaligen Pazifisten. Die größte Überraschung bereitete zweifelsohne die Internationale, die erst zwei Jahre zuvor auf ihrem Basler Kongreß für den Fall des von beiden Seiten als ungerecht erachteten Krieges mit einem allgemeinen Generalstreik gedroht hatte. Statt dessen kam es zur Bewilligung der Kriegskredite in beinahe sämtlichen Parlamenten Europas. Heroische Ausnahmen wie Karl Liebknechts «Nein» bestätigten nur die tragische Regel.

Die Geschichte des Ersten Weltkriegs ist hinlänglich bekannt. Ungarn teilte mit Österreich und Deutschland das kapriziöse Kriegsglück. Mal gelang ein Durchbruch (Gorlice 1915, Piave 1918), mal bedrohte der Gegner unmittelbar Ungarns Staatsgebiet (russische Offensive im Herbst 1914, rumänische im Sommer 1916). Trotzdem war bereits im ersten Jahr klar, daß die auf Blitzkrieg gebaute Strategie des deutschen Generalstabs gescheitert und damit die Chance eines siegreichen Ausgangs vertan worden war. Spätestens mit dem Kriegs-

eintritt der USA auf der Seite der Entente im April 1917 zeichneten sich die Konturen eines Fiaskos ab. Die Kriegsziele der
Westalliierten verhärteten sich trotz ihres populären Slogans
(«Frieden ohne Annexion und Kriegsschadenersatz») sowie
der berühmten 14 Punkte von US-Präsident Woodrow Wilson
mit jeder erfolgreichen Schlacht. Die Entstehung von Na-
tionalräten und Schattenregierungen von Serben, Kroaten,
Slowenen, Rumänen, Tschechen und Slowaken ließ ahnen,
daß die Doppelmonarchie diese Niederlage nicht überleben
würde.

Zudem führten die gewaltigen Opfer Ungarns, das mit vier
Millionen Menschen an dem Gemetzel beteiligt war und dessen Wirtschaft vollständig militarisiert und zerstört wurde, zu
früher nie gekannten sozialen Spannungen, welche die beiden
russischen Revolutionen (Februar und Oktober 1917) weitgehend politisierten. Die Herrschaft von Karl IV. nach dem Tod
des Altkaisers begann mit ziemlich tolpatschigen Versuchen,
einen Sonderfrieden zu erreichen, die parlamentarische und
außerparlamentarische Opposition (von konservativen Natio-
nalisten bis Linkssozialisten) setzte die Abdankung des Tisza-
Kabinetts (Mai 1917) und das Versprechen eines allgemeinen
Wahlrechts durch.

Der anerkannte Führer des oppositionellen «Wahlrechts-
blocks», der Kriegsgegner Graf Mihály (Michael) von Károlyi,
wartete auf seine historische Stunde. Diese schlug, als Tisza,
bereits als Parlamentsabgeordneter am 17. Oktober 1917 öffentlich erklärte: «Graf Károlyi hat recht, diesen Krieg haben
wir verloren.» Hinter dem lakonischen Satz steckten 500 000
Tote, anderthalb Millionen Verwundete und 800 000 Kriegsgefangene. Als zwei Wochen später König Karl IV. Károlyi
zum Regierungschef ernennen ließ, blieben ihm selbst nur
noch dreizehn Tage als Herrscher der Dynastie.

Die bürgerliche Revolution

Károlyi stammte aus einem der ältesten Adelsgeschlechter des Landes. Durch und durch Lebemann, Stammgast der europäischen Kasinos, Besitzer eines Automobils, Gatte der bildschönen Tochter Katinka des Grafen Gyula Andrássy junior, war er gleichzeitig ein europäisch gebildeter, auch von den Ideen des modernen Sozialismus beeinflußter Aristokrat. An diesem Tiefpunkt der ungarischen Geschichte wurde er als Kriegsgegner mit früher guten Kontakten in Frankreich, Großbritannien und den USA schnell zum Hoffnungsträger der Nation. Genauer gesagt: Er weckte Hoffnungen, deren Erfüllung in dieser Situation am wenigsten von ihm abhing. Dasselbe traf auf die sozialistische Arbeiterbewegung zu, welche die Niederlage aus der Rolle eines Außenseiters in diejenige des Retters katapultiert hatte. Die nach ihrer Symbolblume benannte «Asternrevolution» brachte Ungarn die langersehnte Unabhängigkeit.

Freilich lag Ungarns Schicksal nach dem Zusammenbruch der Monarchie in Österreich und Deutschland allein in der Hand der Siegermächte. Am aktuellsten waren die Fragen, ob und wie die zerrüttete Wirtschaft saniert, die errungene Demokratie durch Parlamentswahlen bestätigt und die durch den Waffenstillstand von Padua (3. November) festgelegte Demarkationslinie in einem Frieden mindestens teilweise zugunsten des Landes ausgeweitet werden konnte.

Besonders die letzte Frage schien bereits praktisch entschieden zu sein. Die tschechoslowakische Armee rückte in Pozsony / Bratislava ein, das rumänische Heer besetzte Kolozsvár / Cluj und bereitete eine weitere Offensive gegen die «unabhängige Volksrepublik Ungarn» vor, die kroatische Nationalversammlung schloß sich dem geplanten jugoslawischen Staat an – allesamt Begebenheiten, welche jede internationale

Regelung in bezug auf die territoriale Integrität Ungarns vorwegnahmen.

In dieser Situation machte der Verteidigungsminister, vormals k.u.k. Oberst des Generalstabs, Béla Linder die oft zitierte und politisch sicher unkluge Äußerung: «Ich will keine Soldaten mehr sehen» – ein Satz, der später ebenso zum festen Bestandteil der ungarischen «Dolchstoßlegende» wurde wie der Vorwurf gegen Károlyi und seinen Minister für Nationalitäten, den Sozialwissenschaftler Oszkár Jászi, diese hätten durch ihren naiven Glauben an die Entente bzw. an eine kantonale Lösung der nationalen Frage das Land zerstört. Übrigens erklärte Linder später, warum er die zurückkehrenden Soldaten so ungern sehen wollte: «Wenn die Revolutionsregierung in jenen Stunden den Soldaten gesagt hätte: es war richtig, daß ihr die Revolution gemacht habt, jetzt aber geht wieder in die Kasernen, nehmt die Waffen auf die Schulter und seid wieder Soldaten, dann hätten auch wir Kerenskis Schicksal geteilt.» Es steht auf einem anderen Blatt, ob eine neu organisierte Armee, sofern dazu Zeit und Finanzmittel vorhanden gewesen wären, dem territorialen Selbstschutz Ungarns nicht mehr Nachdruck hätte verleihen können. Im Grunde jedoch fehlten Károlyis Mannschaft sowohl die internationale Anerkennung als auch die reale Kraft und Kontrolle innerhalb des Landes.

Eines ist sicher: Den Weltbrand haben nicht Károlyi und seine Anhänger verursacht. Als anderer möglicher Sündenbock galt der ehemalige Ministerpräsident Tisza, dem man zumindest politisch mit einem gewissen Recht das Festhalten am Kriegskurs um jeden Preis vorwerfen könnte. Was wirklich geschah, verhinderte jedoch endgültig die objektive Beurteilung seiner tatsächlichen Rolle: Am Vorabend der Machtübernahme des Nationalrats wurde er in seiner unbewachten Villa «nach heftigem Wortwechsel» von Soldaten und Matrosen erschossen. Die spätere ideologische Verklärung – selbst in den heutigen rechten ungarischen Medien – hat ihn zum Märtyrer erhoben, während die Exponenten der «Volksregierung» als ein Haufen von Landesverrätern verdammt wurden; diese These wurde von rechter Seite nach 1990 ebenfalls «aktualisiert».

Erwartungsgemäß war die Regierung kaum imstande, auf sozialem Gebiet Ernsthaftes zu unternehmen. Die Erhöhung der Löhne und der Arbeitslosenhilfe konnte mit der galoppierenden Inflation der Korona nicht Schritt halten. Eine Sozialisierung des Privateigentums kam nicht in Frage. Allein der inzwischen zum Präsidenten der Republik avancierte Graf Károlyi begann mit einer historisch bedeutsamen Maßnahme: Aufgrund des Bodenreformgesetzes fing er im Februar 1919 an, sein eigenes Vermögen aufzuteilen. Man kann leider nicht behaupten, daß sein Beispiel massenhafte Nachahmung gefunden hätte.

Die Ähnlichkeit der Lage von Károlyi mit derjenigen von Kerenskis russischer Provisorischen Regierung lag tatsächlich auf der Hand: Wie diese geriet auch ihr ungarisches Pendant ins Kreuzfeuer. Auf der einen Seite bildeten sich Parteien und paramilitärische Vereine zum Schutz des früheren Regimes, auf der anderen Seite die Arbeiter- und Soldatenräte und die im November 1918 gegründete Kommunistische Partei. Ihr Führer Béla Kun, ein sozialdemokratischer Journalist aus Kolozsvár, wurde in der russischen Kriegsgefangenschaft Kommunist und stand in persönlichem Kontakt mit Lenin. Sie waren stärker als die rechten Gegenspieler. Die Regierung versuchte die beiden Extreme zu bekämpfen, sie verbot die KP und verhaftete ihre Führer, aber unmittelbar nach den Berliner Januarkämpfen sowie der Ermordung von Karl Liebknecht und Rosa Luxemburg weigerte sich Károlyi – anders als Gustav Noske –, die Rolle des Bluthunds auf sich zu nehmen.

Währenddessen verlangten die Vertreter der Entente von der Budapester Regierung immer weitere territoriale Zugeständnisse. Als am 20. März 1919 der Missionsleiter, Unter-oberst Vyx, in einer Note die Demarkationslinie neu über rein ungarisch bewohnte Gebiete definierte, dankte die Regierung ab und übergab die Macht in einer Erklärung «dem Proletariat der Völker von Ungarn». Sie verstand darunter zweifelsohne die Sozialdemokratische Partei, deren Führer jedoch zu dieser Zeit im Budapester Sammelgefängnis mit den inhaftierten Kommunisten über die Bildung einer Räterepublik sowjet-ischer Machart, also einer proletarischen Diktatur, verhan-delten.

Die Räterepublik als Verzweiflungsakt

Der Dichter Gyula Illyés (1902–1983), als Halbwüchsiger selbst Soldat der ungarischen Roten Armee, schrieb bereits in den sechziger Jahren in seinem damals unveröffentlichten Tage-buch: «Viele Menschen (…) sind der Meinung, daß die enorme Begeisterung, mit der die Ausrufung der proletarischen Dikta-tur (…) aufgenommen wurde, nichts als eine Art nationalisti-sches Aufflackern war. Wohl wirkte hier auch das National-gefühl, aber ein berechtigtes. Wer an die Lage zurückdenkt, wie die Entente (…) die ungarischen Grenzen quer durch die ethnisch ungarische Bevölkerung immer mehr einengte, der konnte das Befreiungsgefühl nachvollziehen, als nach der Schlappheit der bürgerlichen Regierung endlich jemand eine Antwort auf diese Maßnahmen wagte, die mit dem Men-schenrecht und speziell mit dem Recht auf Selbstbestimmung der Völker Spott getrieben hatten.»

Tatsächlich versprach die Räteregierung in ihrem Pro-gramm einen revolutionären Befreiungskrieg gegen die Ein-dringlinge aus den Nachbarstaaten, und ihr größter Erfolg war die Aufstellung einer 200 000 Mann starken Armee, die an der rumänischen und noch mehr an der tschechischen Front die

Gegner zu stoppen vermochte. In der Führung dieses Heers waren die begabtesten Offiziere der k.u.k. Armee vertreten, wobei die meisten von ihnen den Bolschewismus höchstens als eine vorübergehende und unvermeidliche Phase der Selbstverteidigung des Landes akzeptierten.

Dabei war die Landesverteidigung nur ein Bruchteil der Agenda von Lenins ungarischen Schülern. Die Rätemacht begann ihre Tätigkeit mit dem Verbot aller bürgerlichen Parteien und Tageszeitungen sowie der Sozialisierung sämtlichen Privatvermögens. Sie versprach eine gerechte Verteilung der Güter, erhöhte die Gehälter der Arbeiter, ergriff Maßnahmen zu einer radikalen Schulreform und schuf für die Künstler eine geradezu privilegierte Situation, ohne ihnen stilistische Grenzen aufzuzwingen. Der führende Kulturlenker Georg Lukács versprach in einer Erklärung: «Das kommunistische Kulturprogramm besteht darin, daß es dem Proletariat die höchste und reinste Kunst vermittelt und es nicht zuläßt, daß sein Geschmack von einer (...) Leitartikel-Poetik verdorben wird.»

In der Wissenschaft bedeutete die neue Ära die Ernennung einer Reihe von Professoren, welche zuvor vom konservativen akademischen Establishment verdrängt worden waren. In der bildenden Kunst erhielt die Avantgarde eine zentrale Rolle. Die Intelligenz – unter ihnen die Komponisten Bartók und Kodály, die Autoren Babits und Kosztolányi – befand sich zumindest am Anfang fast ausnahmslos unter den Anhängern des neuen Regimes. Ähnliches läßt sich von den gewerkschaftlich organisierten Arbeitern und den Jugendlichen sagen. Das Bürgertum und der besitzende weltliche Adel sowie die Führung der Kirchen waren isoliert – und all dies geschah ohne Blutvergießen.

Allein die Bauernschaft verhielt sich zunächst passiv abwartend, dann unzufrieden und zuletzt feindselig gegenüber der Macht der Volkskommissare. Sie hatte allen Grund dazu: Die vereinigte sozialistische und kommunistische Partei leitete statt der dringenden Bodenreform eine Zwangskollektivierung ein. Die Bauern akzeptierten das neue Zahlungsmittel, das «weiße Geld», nicht (so hieß es, weil auf die Rückseite aus Spargründen nichts gedruckt worden war), sie fühlten sich durch die aggressive atheistische Propaganda in ihren religiösen Gefühlen gekränkt, die Requisitionen machten sie noch ärmer, und letztendlich zeigten sie nach vier Jahren Krieg wenig Lust, wieder zu marschieren (und sei es auch für eine gerechte Sache).

Dieser Mißgriff des Kabinetts um seinen tatsächlichen Führer, den Außenkommissar Kun, galt später in der offiziellen kommunistischen Geschichtsschreibung als der Hauptfehler der ansonsten mit dem Epitheton ornans «ruhmreich» versehenen Räterepublik, war im Grunde jedoch kein Irrtum, sondern, wie die Geschichte aller späterer sozialistischen Experimente bewies, eine tief in der Tradition der Arbeiterbewegung verankerte Haltung – beginnend mit Lassalles Spruch über das Bauerntum als «eine reaktionäre Masse» bis zu Lenins These, wonach das bäuerliche Kleineigentum «den Kapitalismus jeden Tag neu gebärt». Im konkreten Fall bedeutete die ausgebliebene «Bodenaufteilung» die Eröffnung einer unnötigen innenpolitischen Front für die «Kommune», wie die Bevölkerung die 133 Tage lang herrschende Staatsform nannte.

Der eigentliche Mißgriff lag eher in der Einschätzung der internationalen Chancen: Man baute direkt auf den Zusammenschluß mit der russischen Roten Armee und der Ausweitung der Weltrevolution auf Westeuropa. Die erste Version kam aufgrund der militärischen Lage der Sowjets nicht zustande, die zweite blieb sporadisch und kurzlebig (Bremen, München). Obwohl die Entente durchaus mit einem ähnlichen Prozeß rechnete und die Erfolge der Roten Armee in Paris und Versailles kein geringes Erschrecken ausgelöst hatten, ließen sie ihre Verbündeten ungehindert Feldzüge gegen das Räteungarn organisieren, während ihre Repräsentanten in Budapest die kommunistische Führung mit einer De-facto-Anerkennung verlockten.

Als Kun daraufhin eine vielversprechende Offensive stoppen ließ, brach die Front und damit die Räteregierung zusammen. Am 1. August sprach ein tief enttäuschter Béla Kun auf der letzten Versammlung des ungarischen Sowjets: «Das Proletariat (...) hat sich selbst im Stich gelassen. (...) Nun kann ich kalt und ruhig feststellen: Die proletarische Diktatur in Ungarn ist gefallen. (...) Sie müßte aber nicht so fallen, wenn wir ein anständiges Proletariat gehabt hätten (...). Mir wäre es lieber, daß das Proletariat auf den Barrikaden kämpft und lieber stirbt als seine Macht fallen zu lassen. Daran dachte ich, Genossen. Aber was sollen wir tun? Müssen wir etwa ohne die Massen auf die Barrikaden gehen?»

Sie mußten nicht. Angesichts des sich abzeichnenden Zusammenbruchs vermittelte der Missionschef der Entente, Oberst Guido Romanelli, gegen Mäßigung der Gewalt der Führungsriege samt Familien freies Geleit: Die Wiener Linksregierung war bereit, ihnen Asyl zu gewähren. Allerdings durften «kriminelle Elemente», das heißt Führer der politischen Polizei und der roten Terrorkommandos, in den sogenannten Zug der Volkskommissare nicht einsteigen. Unter diesen Bedingungen zeugte Georg Lukács' Entscheidung, das Fluchtprivileg nicht in Anspruch zu nehmen, von großem persönlichen Mut.

Was den roten Terror anbelangt, der nach offiziellen «weißen» Angaben 590 Tote forderte, war dieser besonders in der Endphase der Räteregierung intensiver geworden und forderte Hunderte von Opfern – mehrheitlich Bauern, Geistliche und desertierende Soldaten. Er wurde einerseits vom Volkskommissar für Inneres, Tibor Szamuely, geleitet, der mit seinem Panzerzug besonders in Transdanubien unterwegs war, um vor allem «Saboteure», z. B. Dorfeinwohner, die der

Requisition Widerstand leisteten, standrechtlich hinzurichten. Andererseits agierten die roten Terrorkommandos, die sogenannten «Leninjungs» (mehrheitlich ehemalige Matrosen), eher auf eigene Faust. Als Ordnungspolizei fungierte die aus Arbeitern bestehende «Rote Wache», als Staatssicherheitsdienst die «politische Ermittlungsgruppe» mit bewährten alten Detektiven aus der k.u.k. Zeit. Die widerwärtigste Praxis, die sie von ihrem russischen Vorbild übernahmen, war zweifelsohne die kollektive Geiselnahme namhafter Vertreter der Bourgeoisie. Eher zum administrativen Terror gehörte die Maßnahme, proletarische Familien bei bürgerlichen einzuquartieren.

Bei aller Verurteilung dieser gewaltsamen Methoden kann der Historiker den roten Terror von 1919 ebensowenig mit dem Stalinismus der dreißiger Jahre in der Sowjetunion vergleichen wie auch die weiße Variante mit NS-Terror gleichsetzen. Dabei geht es nicht einfach um eine Gegenüberstellung von Opferzahlen, sondern um den Charakter des Umgangs einer im Grunde militärischen Macht mit der Zivilbevölkerung. In diesem Sinne bildeten beide Formen von Furcht und Schrecken eine direkte Fortsetzung des Ersten Weltkriegs.

Die Gegenrevolution und der Frieden von Trianon

Eine ungarische Historikerin der siebziger Jahre wies in ihrem Buch über den «weißen Terror» auf eine einfache Wahrheit hin: Jede Handlung, der man staatsrechtlichen Charakter aberkennt, fällt automatisch unter die Kategorie «kriminell». So lautete der Haftbefehl vom November 1919 gegen den inzwischen flüchtigen Kun auf mehrfachen Mord (Urteile der revolutionären Gerichtshöfe, Kampf selbst gegen äußere Feinde), Diebstahl (Enteignung des Privatvermögens), Geldfälschung (Emission von Banknoten) und Erpressung (Requisition). Eigentlich müßte in diesem Sinne noch seine Unterschrift unter Erlasse als Urkundenfälschung bezeichnet werden.

Viel besser stand es jedoch auch um die Legitimation jener Interimsregierungen nicht, die nach dem August 1919 unter dem Schutz der rumänischen Besatzungstruppen eingesetzt wurden. Die Anarchie und die Okkupation begünstigten einen grausamen und sadistischen Rachefeldzug. Als der ehemalige Adjutant des Kaisers Franz Joseph und Oberbefehlshaber des in Szeged gegründeten Nationalen Heeres, Miklós (Nikolaus) von Horthy (1868–1957), auf seinem Schimmel in die Hauptstadt einrückte, war die erste Welle der Ausschreitungen bereits vorbei. Die mehreren tausend Opfer der Offizierskorps waren keineswegs nur Protagonisten der Kommune, sondern auch Sozialdemokraten, Liberale, einfache Bürger, Bauern, Arbeiter – und Juden. Die Blutbäder bei Siófok und Orgovány sorgten für Schlagzeilen in der damaligen Weltpresse.

Als Horthy im März 1920 vom Budapester Parlament zum Staatsschef (Reichsverweser) gewählt wurde, versuchten er und noch mehr sein bedeutendster Regierungschef Graf István (Stephan) Bethlen, die «Übergriffe» einzudämmen und in legale Kanäle («Prozeß gegen die Volkskommissare», «Prozeß gegen die Mörder von Tisza» u. a.) umzuleiten, nicht zuletzt um das Image des von ihnen repräsentierten Landes aufzubessern. Allerdings schickte Horthy bereits in seiner Rede vom November 1919 eine merkwürdige These voraus: «Hier, am Donauufer, rufe ich die ungarische Hauptstadt zum Gericht. Diese Stadt verleugnete ihre tausendjährige Geschichte, diese Stadt zog die Heilige Krone und die Farben der Nation in den Dreck und kleidete sich in rote Lumpen. (...) Trotzdem sind wir geneigt, dieser in Sünde gefallenen Stadt zu verzeihen, wenn sie zum Dienst an der Heimat zurückkehrt.» Budapest als die sündige Stadt gegenüber dem «sauberen» Dorf war eine

Konstruktion, die der Gegenrevolution angesichts des hohen jüdischen Bevölkerungsanteils der Metropole (24 %) eine offen antisemitische Ausrichtung verlieh.

Dies ist wichtig zu betonen, denn die pauschale kommunistische Verdammung der gesamten Ära als «Horthy-Faschismus» geht nicht nur an den verschiedenen Phasen dieses Vierteljahrhunderts, sondern auch an der ursprünglichen Zielsetzung, nämlich an der Restitution des Ungarn von Graf István Tisza, vorbei. Das größte Dilemma des Regimes bestand ausgerechnet darin, daß ein derartiges Vorhaben völlig utopisch war. Eine heile Vorkriegswelt setzte die Doppelmonarchie in den Grenzen des Jahres 1913 mit dem Herrscher in Wien voraus. Da die Siegermächte der Dynastie eine Rückkehr in ihre Heimat strikt untersagt hatten, operierte das neue Regime mit dem antiquierten Begriff des Interregnums – daher der Titel «Reichsverweser» wie zu Zeiten von Hunyadi oder Kossuth. Selbst die Monarchisten waren zwischen der abstrakten Habsburgertreue und der freien Königswahl als Alternative gespalten. Horthy schien das Provisorium völlig zufriedengestellt zu haben.

Das andere Element der Restauration war die Wiederherstellung der territorialen Einheit mindestens des ungarischen Landesteils. Dies von den Siegermächten zu erwarten war reine Illusion und auch ethnisch nicht gerechtfertigt. Trotzdem bedeutete der am 4. Juni 1920 unterzeichnete und vom ungarischen Parlament zwangsweise ratifizierte Frieden von Trianon einen enormen Schock für die ungarische Gesellschaft. Um das Ausmaß der Katastrophe zu verdeutlichen, sei auf die Bedingungen des ein Jahr zuvor abgeschlossenen Friedens von Versailles hingewiesen.

Mußte das als Hauptschuldiger für den Krieg betrachtete Deutschland 14 Prozent seines Territoriums an Frankreich, Belgien, Dänemark, Polen und Litauen abtreten und verlor es damit 13 Prozent seiner Bevölkerung, wurde Ungarn ver-

pflichtet, 60 Prozent seines Vorkriegsgebiets den Nachfolge-
staaten Tschechoslowakei, Rumänien, Jugoslawien und Österreich zu überlassen, wodurch 30 Prozent seiner ehemaligen
Einwohner nun außerhalb der Landesgrenzen lebten. Von den
in Aussicht gestellten kollektiven Minderheitenrechten wurde
nichts oder nur ein Bruchteil verwirklicht. Hinzu kamen noch
die Reparationen – für Deutschland 132 Milliarden Goldmark,
für Ungarn 132 Millionen Goldkorona –, die in keiner Weise
der ökonomischen Leistungsfähigkeit des Landes entsprachen. Dies sahen selbst die Westalliierten ein, als sie die Zah-
lungen 1924 mit komplizierten Kreditkonstruktionen in Bewegung brachten.

Ebenso wichtig war die psychologische Schockwirkung von
Trianon. Wie die vorangegangenen Ausführungen bereits gezeigt haben, spielten sich die wichtigsten Ereignisse der ungarischen Geschichte großenteils auf Gebieten ab, die ab Juni
1920 nicht mehr zu Ungarn gehörten. Es sei erlaubt, einen persönlichen Hinweis anzufügen: Meine Familie mütterlicherseits
stammt aus Alsókubin (Dolni Kubin, heute Slowakei), während mein Vater in Lugos (Lugoj, heute Rumänien) geboren
wurde. Zwischen den beiden Städten liegen ungefähr tausend
Kilometer Entfernung und inzwischen zwei Staatsgrenzen,
die jahrzehntelang schwer und manchmal überhaupt nicht
passierbar waren. Millionen Familien erging es ähnlich.

Man kann sich nur schwer des Eindrucks erwehren, daß im
Diktat von Trianon, das von Lenin als einzigem Staatschef
einer Großmacht als «imperialistischer Raubfrieden» ange-
prangert wurde, auch die Rache wegen der 133 Tage Räte-
macht mitspielte. Dabei mußten die Kommunisten neben den
Sozialdemokraten, Károlyis «Oktobristen» und dem liberalen
Bürgertum im trauernden, ab jetzt so benannten «Rumpf-
ungarn» ebenfalls als Sündenböcke herhalten. Die offizielle
Weltanschauung des nach Trianon diplomatisch anerkannten
Systems waren nämlich Antikommunismus, Antiliberalismus

und Antisemitismus, und sein erklärtes Hauptziel war die Revision.

So wurde die Restauration der seligen Vorkriegszeiten ebenfalls zu einem Rumpfwerk, ein Revival des Regierens von Tisza mit allen seinen Nachteilen und sehr wenigen seiner Vorteile. Es entstanden ein Parlamentarismus ohne freie und geheime Wahlen, ein Rechtsstaat mit ständigen Rechtsbrüchen, eine Pressefreiheit mit vorbeugender Zensur, Künstlerelend, undurchsichtige, handgreifliche Willkür von Gutsverwaltern im vielgelobten ungarischen Dorf (siehe u. a. Illyés' *Die Puszta*), Korruption auf allen Ebenen (Zsigmond Móricz: *Verwandte*), körperliche Züchtigung in der Armee und der militarisierten Jugenderziehung – aber auch Glanz, Nationaltracht, Wohltätigkeit, Eröffnung von Kulturinstituten im Ausland, industrielle, technische und sportliche Leistungen, der Nobelpreis für die Entdeckung des Vitamin C in Paprika für Albert Szent-Györgyi und sogar eine kleine Bodenreform, die 1921 acht Prozent der genutzten Agrarfläche betraf. Schließlich existierte der Staat als souveräner Staat, der nun ohne direkten ausländischen Einfluß seine Macht ausüben konnte.

Selbst an dem leuchtenden Vorbild Tisza gemessen, waren die Herren wenig großzügig. Der Gesetzesartikel XXV/1920 regelte die Bedingungen des Hochschulzugangs, vor allem unter dem Kriterium der politischen Zuverlässigkeit. Unter dem Einfluß des damals dominierenden «Rassenschutzes» bedeutete dies eine verringerte Quote für die «Nichtungarn», als welche hauptsächlich Deutsche und Juden galten. Für letztere galt ein «numerus clausus» von 6 Prozent (bis dahin stellten sie 36 Prozent der Studierenden) – ein eindeutiger Verstoß gegen Recht und Vernunft der Doppelmonarchie. Das Mildeste, was man über diese Maßnahme sagen kann, ist, daß sie zunächst erfolglos blieb. Berufsstände der Ärzte, Rechtsanwälte und Journalisten hatten bis Mitte der dreißiger Jahre einen überwiegend jüdischen Anteil.

Das sogenannte Ordnungsgesetz III/1921 hingegen war direkt darauf gerichtet, jede kommunistische Tätigkeit vorbeugend zu unterbinden. Die vorsichtige juristische Formulierung – die später auch die Anwendung auf Rechtsradikale ermöglichte – spiegelte bereits die Konsolidierung des Systems wider. Die ökonomischen Erfolge der zwanziger Jahre zeigten sich vor allem in der Bewältigung der Inflation mit der Einführung des Pengő und der Wiederherstellung mancher Freiheiten. Kurzzeitig konnte sogar eine linksradikale «Ungarische Sozialistische Arbeiterpartei» existieren. Graf Bethlen handelte einen Kompromiß mit den Sozialdemokraten aus, in dem diese auf die Propaganda in der Provinz und unter Staatsangestellten verzichteten und – was eigentlich natürlich war – die Sache der Revision bei ihren linken Partnern (so in der Zweiten Internationale) vertraten. Als Gegenleistung durfte die Partei eine bescheidene, aber ungehinderte Vertretung in der Nationalversammlung und auf lokaler Ebene ausbauen. Zunehmend lockerte Bethlen auch die rigiden Rassengesetze aus der Anfangszeit der Gegenrevolution.

Ansonsten liefen demonstrative Prozesse gegen Repräsentanten des Bolschewismus, wenn diese zum Beispiel aus dem Moskauer Exil zurückkehrten, um die Reihen der Partei neu zu organisieren. Im alltäglichen Umgang mit den Kommunisten und Linken blieb das Regime hart: Prügel und Folter gehörten zu den legitimen «Ermittlungsmethoden». Indessen zählte die auch ansonsten von Fraktionskämpfen zermürbte illegale KP höchstens ein paar tausend Mitglieder im Lande.

Die relative Ruhe dauerte um keine Minute länger als die Stabilität: Die Weltwirtschaftskrise im Herbst 1929 bereitete auch der Konsolidierungsphase ein Ende. Die Folgen – ein allgemeiner Rückgang der Produktion vor allem in der Landwirtschaft (600 000 Arbeitslose) – waren am Straßenbild abzulesen: der Menschenmarkt auf den Stadtplätzen, auf dem Unternehmer nach billiger Arbeitskraft Ausschau hielten, sowie die endlosen Schlangen vor der Suppenküche von «Onkel Robert». Von der Entstehung eines geistigen Proletariats zeugten Eheannoncen wie diese: «Mann mit Diplom würde gerne die Frau heiraten, die ihm zu einer Stelle verhilft.»

Der europäische Kontext V (Die Revisionsfalle)

Laut einer Anekdote verglich der 1931 abgedankte Graf Bethlen die Spielregeln des politischen Lebens im Lande mit der Eigenart der Budapester öffentlichen Transportmittel: «An der Oberfläche herrscht Rechtsverkehr, links bewegt sich alles ausschließlich unterirdisch», soll er gesagt haben. Als erfahrener Staatsmann war er sich jedoch darüber im klaren, daß auf dem Kontinent ganz andere Regeln herrschten.

Obwohl auf Horthys Schreibtisch ab und zu Kriegsprojekte gegen die Nachbarstaaten lagen und der Reichsverweser diese nicht für völlig absurd hielt, herrschte doch in politischen Kreisen ein Konsens über die friedliche Lösung der Revisionsfrage. Differenzen gab es höchstens in bezug auf die Größenordnung der gewünschten Grenzänderungen. Die Radikalen forderten, wie ihre Losung lautete, «Alles zurück!», während sich die Realisten mit einer beschränkten Rückgabe der verlorenen Gebiete unter ethnischen Gesichtspunkten abgefunden hätten und ihre diplomatischen Anstrengungen in diese Richtung lenkten.

Den ersten Ausbruch aus der internationalen Isolierung hatte die ungarische Regierung 1927 dem Freundschaftsvertrag mit Mussolinis Italien zu verdanken. Die Reibungen des Faschistenstaates mit Jugoslawien lockten zu einem Zweckbündnis ebenso wie die Gebietsforderungen von Polen unter Marschall Piłsudski, welche die ungarische Diplomatie statt gegen Deutschland gegen die Sowjetunion zu lenken suchte. Gleichzeitig zeigte sich die bolschewistische Macht an einer

Revision gegenüber Rumänien wegen Bessarabien interessiert, was die weitsichtigeren Außenpolitiker Ungarns dazu bewegte, mit dem roten Teufel Beziehungen aufzunehmen, um zumindest die «kleine Entente» zu schwächen. Gleichzeitig bereitete Horthy 1932 ein Memorandum an 23 Staatschefs der Welt vor, um diese für ein Bündnis gegen die Sowjetunion zu gewinnen, was eher der Aufwertung von Ungarns Rolle als Bollwerk des Antikommunismus dienen und klammheimlich wiederum die Revision vorantreiben sollte.

All diese Kombinationen scheiterten jedoch an der Gebrechlichkeit der «Friedensordnung». Jede noch so bescheidene Modifizierung der Grenzen konnte einen Dominoeffekt nach sich ziehen, und selbst die von den Briten «theoretisch» akzeptierten Ansprüche Ungarns gehörten als «casus belli» ins Reich des Absurden. Die Sowjetunion wurde mit Deutschland durch die Konferenz von Rapallo (1922), mit Frankreich durch einen Militärpakt und mit der Tschechoslowakei durch einen Freundschaftsvertrag verbunden. In diesem als «kollektive Sicherheit» verbrämten Kartenspiel va banque konnten nur politisch, militärisch und ökonomisch starke Partner mitmischen, und die unterschriebenen Dokumente waren häufig nicht das Hochglanzpapier wert, auf dem sie gedruckt waren.

Eine durchschnittliche Verhandlung anno 1936 zwischen dem fachlich hervorragenden ungarischen Gesandten Mihály Arnóthy-Jungerth und dem Volkskommissar für Äußeres Maxim Litwinow bewegte sich im abgesteckten Rahmen: Der Ungar beschwerte sich über die Tätigkeit der Exilkommunisten in Moskau, die der Volkskommissar (mit gewissem Recht) als irrelevant bezeichnete, während er gleichzeitig Einwände gegen die sowjetfeindlichen Publikationen in der ungarischen Presse vorbrachte. Diese Vorwürfe wehrte der Gesandte Arnóthy-Jungerth (ebenfalls nicht ganz unbegründet) mit dem Argument der Pressefreiheit ab. Erst nach diesem formalen Schlagabtausch kam man zur Sache, mit, milde gesagt, bescheidenen Ergebnissen. Der Gesandte meldete seinem Außenminister: «Dann kam die Frage der Regelung des Donautales zur Sprache. Ich erklärte, (…) daß wir nur einen Vorschlag annehmen können (…), der nicht voraussetzt, daß wir auf eine friedliche Evolution [d.h. Revision] und auf die Sorge um das Schicksal unserer Minderheiten verzichten. Litwinow hörte meine Darlegung mit Interesse an, sagte dann jedoch: ‹Die Sowjetunion ist nicht geneigt, an dieser Regelung teilzunehmen (…), zuvor möchte sie sehen, wie sie sich entwickelt und welchen Vorteil die Sowjetunion davon gehabt hätte.» Lenins Worte über den «imperialistischen Raubfrieden» waren vergessen. Hier verhandelte eine Großmacht mit einer kleinen.

Dies muß zitiert und betont werden, um, ohne die Verantwortung der ungarischen Beteiligten für einzelne Schritte schmälern zu wollen, verständlich zu machen, wieso sämtliche, an die Revision geknüpfte Interessen Ungarn zunehmend zu einer Annäherung an die seit 1933 regierende Nazimacht zwangen. Hitlers Außenpolitik – die Besetzung der entmilitarisierten Zone im Ruhrgebiet, der «Anschluß» Österreichs, die Besetzung des Sudetenlandes und die Zerstörung der Tschechoslowakei, die bei den westlichen Demokratien und der Sowjetunion keinen nennenswerten Widerstand ausgelöst hatten – bedeutete für Budapest, daß nun vieles, wenn nicht alles, in punkto Trianon verändert werden konnte. Als schließlich der Pakt zwischen Molotow und Ribbentrop die ganze Nachkriegsordnung ruiniert hatte, schwanden die letzten Hemmungen an der Donau. Nach dem ersten Wiener Entscheid (November 1938) erhielt Ungarn aus des Führers Hand die Ostslowakei zurück, und nach dem zweiten (August 1940) zog der alte Reichsverweser auf seinem Schimmel in Siebenbürgen ein. Die Rückkehr der verlorenen Gebiete löste eine allgemeine, spontane Begeisterung aus.

In meinem Archiv bewahre ich eine Ansichtskarte vom

Hauptplatz des zurückerhaltenen Kolozsvár mit dem Denkmal des Königs Matthias auf. Alles sieht aus wie zu den heilen
Friedenszeiten vor 1914. Nur der historische Ort trägt den Namen «Adolf-Hitler-Platz». Wäre dies nur der einzige Preis der
halbwegs gelungenen Revision gewesen!

Der Weg in den Abgrund

Die vom Dritten Reich erwartete Gegenleistung für die all-
mähliche Rückgabe von insgesamt 85 000 Quadratkilometern
Gebiet mit 5 Millionen Bevölkerung (im Fall von Siebenbürgen ein Affront gegenüber dem Naziverbündeten Rumänien)
bestand ursprünglich darin, daß Ungarn dem 1936 mit Japan
gegründeten Antikominternpakt beitreten sollte – ein Schritt,
der nicht im Widerspruch zur Doktrin des Systems stand und
im Februar 1939 auch erfolgte. Im April desselben Jahres verließ die ungarische Delegation – sechs Jahre nach Deutschlands Austritt – den Völkerbund. Dennoch war klar, daß Berlin
mit derartigen Höflichkeitsgesten in keinem Fall zufriedengestellt werden konnte.

Außerdem hatte es die Wilhelmstraße bei manchen Vertre-
tern der ungarischen Elite mit einem ausgesprochen vorausei-
lenden Gehorsam zu tun. Die erste Auslandsreise des 1932 ernannten Ministerpräsidenten Gyula (Julius) Gömbös galt 1933
dem Führer, und zwar gegen jeden diplomatischen Brauch als
Vertreter der NSDAP. Ungarns Außenhandel richtete sich bereits Anfang der dreißiger Jahre zunehmend auf Deutschland
aus. Schließlich verkündete Gömbös' Nachfolger Kálmán
Darányi schon im März 1938 ein ausgedehntes Rüstungspro-
gramm. Doch auch unabhängig vom Einfluß einzelner Personen wirkte sich hier die Tatsache aus, daß die Außen- und
Innenpolitik eines Landes nie hermetisch voneinander ge-
trennt werden können. Und innerlich entwickelten sich Un-

garns Staat und Gesellschaft mit geradezu entsetzlicher Geschwindigkeit in eine rechtsradikale Richtung.

Dieses Phänomen läßt sich mit rein politischen oder soziologischen Faktoren kaum begründen. Horthy stand auf dem Zenit seiner Popularität, die Wirtschaft bewältigte die Folgen der Weltkrise, Industrie und Handel florierten, es wurden soziale Maßnahmen zum Schutz der Arbeiter sowie Reformen im Schulwesen durchgeführt. Allerdings verteilte sich dieses Wachstum wie üblich nicht gleichmäßig. Zwar profitierten am wenigsten Arbeiter und Bauern von der neuen Prosperität, dennoch dominierte die wachsende Unzufriedenheit vor allem die sogenannte christliche Mittelklasse – unter anderem Zehntausende erwerbsloser Kopfarbeiter, Hunderte von Beamten und Dutzende fanatischer Offiziere.

Einer von den zuletzt Genannten war Ferenc Szálasi, Major im Generalstab, der 1936 die Armee verließ, um eine nationalsozialistische Partei zu gründen. Nach anfänglichen Schwierigkeiten gelang es seiner «Pfeilkreuzlerpartei» wie keiner politischen Gruppe seit 1919, eine Massenbasis zu schaffen, in der das bäuerliche und proletarische Element stark vertreten war. Sie bauten eine radikale rechte Opposition gegenüber dem konservativen System auf und verhielten sich gegenüber dem Vorbild Deutschland wie eine freiwillige «Fünfte Kolonne». Vor allem war es ihnen gelungen, die jüdische Frage mit der sozialen Problematik zu verknüpfen. Und obwohl die Regierung Szálasi aufgrund des ursprünglich gegen die Kommunisten geschaffenen «Ordnungsgesetzes» vor Gericht stellte, fühlte sie sich gezwungen, sein Programm mit der Begründung zu verwirklichen, den Rechten «den Wind aus den Segeln zu nehmen». So entstanden die drei «Judengesetze» – 1938, 1939 und 1941 –, die von relativ gemäßigten Einschränkungen zur direkten Nachahmung des Nürnberger Vorbilds führten – allerdings mit einem Unterschied: Sie wurden jedesmal von einer parlamentarischen Mehrheit angenommen.

Ohne Zweifel gab es Proteste sowohl von jüdischer wie auch von christlicher Seite, quer durch alle politischen Lager von den Sozialisten bis zu den Royalisten. Gleichzeitig ging es nun nicht mehr um eine ideologische Offensive wie früher wegen der Beteiligung von Juden am Ersten Weltkrieg als Lieferanten oder an der Räteregierung als Volkskommissare. Im Zuge der «Arisierung» jüdischen Besitzes ging ein Rausch des von Habgier geschürten Hasses durch die ganze Gesellschaft weit bis in die linken intellektuellen Kreise. Daher ist es tröstlich, daß es auch andere Stimmen gab wie die von Bartók, Kodály oder Móricz, und auch sonnenklare Erklärungen wie diejenige des Vaters der ungarischen künstlerischen Avantgarde, Lajos Kassák, der den für das ganze Land tragischen Charakter des Geschehenen auf den Punkt brachte. Als im Dezember 1940 den jüdischen Ärzten die Behandlung von Christen untersagt wurde, schrieb der Dichter in seinem Artikel *Gnade den Kranken* unter anderem: «Ich als christlicher Patient darf mich also aus politischen Gründen an keinen jüdischen Arzt wenden, obwohl ich weiß, daß er ein Meister seines Berufs ist. Oder ich als christlicher Arzt darf aus politischen Gründen keine Hilfe einem Kranken jüdischer Abstammung leisten (...). So kann der Nationalverband Ungarischer Ärzte [Ärztekammer] – nicht einmal das Niveau des Tierschutzvereins halten.»

Die Rechnung mit der Beruhigung der Gemüter durch Umverteilung jüdischen Vermögens ging nicht auf. Während der Pfeilkreuzlerführer noch im Gefängnis saß, gewannen seine Anhänger bei den Wahlen vom Mai 1939 49 der insgesamt 260 Mandate. Und die Naziagentur saß nicht nur in mehreren anderen Parteien, sondern auch im Generalstab, in der Gendarmerie, in den lokalen Verwaltungen und nicht zuletzt im Volksbund – Organisation der deutschen Minderheit. Horthy war mit Recht beunruhigt. In einem privaten Schreiben vom Oktober 1940 teilte er dem ihm freundschaftlich verbundenen

Premier Graf Pál Teleki seine Sorgen mit: «Was die Judenfrage anbelangt, war ich mein Leben lang Antisemit, verkehrte nie mit Juden. (…) Da ich aber als eine der wichtigsten Aufgaben der Regierung die Erhöhung des Lebensstandards betrachte, also wir müssen reicher werden, ist es unmöglich, die Juden, die alles in ihrer Hand haben, in ein, zwei Jahren auszuschalten. (…) Dazu braucht man ein Menschenalter. (…) Vielleicht verkündete ich als erster den Antisemitismus, aber ich kann nicht Unmenschlichkeit, sadistischen, sinnlosen Demütigungen zusehen, jetzt, wo wir sie noch brauchen. Außerdem halte ich z. B. die Pfeilkreuzler für viel gefährlicher für meine Heimat als die Juden. Diese sind durch Interesse an ihr Adoptivland gebunden, während die Pfeilkreuzler mit ihrem verwirrten Sinn unser Land in die Hände der Deutschen spielen wollen.»

Der Adressat dieser ungewöhnlichen Beichte hatte noch ungefähr neun Monate zu leben. Ministerpräsident Graf Pál von Teleki erschoß sich Anfang April 1941 in seinem Palais. Mit seiner Tat protestierte er gegen die Beteiligung Ungarns an dem Nazifeldzug gegen Jugoslawien, mit dessen Regierung er kurz zuvor einen «ewigen Freundschaftsvertrag» unterzeichnet hatte – für einen ritterlichen «Mann der Ehre», der er war, ein unerträglicher Gewissenskonflikt. Man könnte sagen: Graf von Teleki, einer der Begründer des Systems und der «Judengesetze», fiel im Duell mit sich selbst. Der einzige Lichtblick dieser düsteren Jahre war die Haltung der Budapester Regierung gegenüber Polen. Als die Nazis das Land überrannten, nahm Ungarn die polnischen Flüchtlinge, unter ihnen Soldaten und Offiziere, auf, wie dies der historischen Tradition der beiden Länder entsprach.

Die beiden Katastrophen: Krieg und Holocaust

Die Beteiligung an der Besetzung des südlichen Nachbarlandes war jedoch nur die erste Rechnung, die das Reich für die Teilrevision bei der Budaer Burg einreichte. Obwohl der Plan «Barbarossa» keine direkte Beteiligung Ungarns am Rußlandfeldzug vorgesehen hatte, waren vor allem die Budapester Militärführung – wohl beeindruckt durch den europäischen Triumph der Wehrmacht – sowie die Rechtsradikalen im Regierungslager gerne bereit, den vermeintlichen «Blitzkrieg» mitzumachen. Den greisen Staatschef überzeugte wohl die Annahme, die Achsenmächte würden den ungarischen Eifer mit weiteren territorialen Geschenken honorieren.

An Verlockungen und Warnungen fehlte es auch von der anderen Seite nicht. Der sowjetische Außenkommissar Molotow ließ nach dem deutschen Angriff ausrichten, falls Ungarn beim Abbruch der diplomatischen Beziehungen bleibe, würde Moskau die beiden Wiener Entscheide akzeptieren. Etwas rüder verabschiedete der britische Außenminister Anthony Eden Horthys Londoner Vertreter: «Wenn ein Land schon nicht Herr seines eigenen Willens ist und auf seine Unabhängigkeit freiwillig verzichtet, dann schließt es wenigstens keine Freundschaftsverträge, um diese dann zu verletzen. Sagen Sie zu Hause auch, daß sich England beim Friedensschluß daran erinnern wird.»

Die anfängliche Beteiligung der Honvéd-Armee war relativ bescheiden: Ungefähr 40 000 Soldaten überschritten die Karpatengrenze, allerdings drangen sie 2000 Kilometer ins Land vor – für einen «Heimatschutz» keine geringe Leistung. Nach der Schlacht von Moskau – dem ersten historischen Fiasko der Wehrmacht – steigerte das Reich seine Anforderungen an den Verbündeten, und so erreichte die Gesamtzahl der ungarischen Beteiligten sukzessiv die 300 000. Zwei Drittel davon gehörte der 2. Armee an, die im Januar 1943 bei Woronesch am Don in wenigen Tagen von den Sowjets aufgerieben wurde. Das «ungarische Stalingrad» (150 000 Tote, Verwundete und Kriegsgefangene) hätte einen Denkprozeß über den Sinn des ganzen Wahnsinns einleiten können – Gesprächspartner im Lande hätte es dazu reichlich gegeben. Doch dazu kam es nicht.

Worin besteht nun die Verantwortung nicht einzelner, sondern des Regimes für die Katastrophe des Landes und sich selbst? Keineswegs in der Kriegsbeteiligung selbst. Ungarn konnte der staatlichen Kollaboration mit Hitler aufgrund seiner geographischen Lage nicht voll entgehen. Sicherlich wirkten hier auch adelige Tabus der «Untreue» oder des «Wortbruchs» gegenüber dem Reich, das sein Nachbarvolk gelinde gesagt als keine «reine Rasse» betrachtete. Dennoch bleibt die Tatsache: Goebbels' rhetorische Frage «Wollt ihr den totalen Krieg?» beantworteten Rumänen, Bulgaren und selbst Italiener besser als die Ungarn: entweder durch Sabotage oder durch die Opferung eines Mussolini durch den faschistischen Großrat im Juli 1943. Ein Minimum an Phantasie hätten auch die Getreuen des Reichsverwesers zeigen müssen. Schließlich waren sie kein uniformiertes Publikum der Kroll-Oper, sondern eine Regierung mit kaum bezweifelter Autorität. Was hinderte sie daran, die Pfeilkreuzlerführer als Agenten einer fremden Macht «an die Wand zu stellen» (ich benütze Horthys Ausdruck), bevor diese Hunderttausende Parteimitglieder hatte?

Jedenfalls reagierte Horthy spät und unvorbereitet. Der von ihm ernannte Ministerpräsident Miklós Kállay führte mit den westlichen Alliierten ergebnislos geheime Verhandlungen über einen Waffenstillstand, da diese eine Kapitulation forderten. Nach der Konferenz von Teheran war ohnehin klar, daß Ungarns Verhandlungspartner Moskau sein würde. Die deutsche Gesandtschaft und die Gestapo erfuhren alle Einzelheiten der Ausbruchsversuche, und Hitler entschied sich bereits im September 1943 (Plan «Margarethe»), Ungarn zu besetzen, was am 19. März 1944 – bei formaler Beibehaltung der Souveränität des Königreichs – auch geschah. Ebenso bestens informiert waren die Deutschen über die Verhandlungen, die Vertreter der Budapester Regierung im Herbst desselben Jahres mit den Sowjets führten.

Am Vormittag des 15. Oktober 1944 sprach Horthy im Rundfunk: «Heute ist es für jeden nüchtern Denkenden klar, daß das Deutsche Reich diesen Krieg verloren hat. (…) Deshalb teilte ich dem Vertreter des Deutschen Reichs mit, daß wir mit unseren Gegnern einen vorläufigen Waffenstillstand vereinbart und jegliche Feindseligkeiten gegenüber ihnen eingestellt haben.» Hinter dieser Rede stand jedoch kein ernsthafter Handlungsplan. Die Begeisterung der Bevölkerung dauerte nicht lange. Am Nachmittag befand sich der Reichsverweser samt Familie bereits in «Schutzhaft» des Reichsgesandten Edmund von Veesenmayer, unter dessen Druck er alle Regierungsmacht auf den Pfeilkreuzlerführer Szálasi übertrug. Dieser zog nun unter dem selbst erfundenen Titel «Führer der Nation» am nächsten Tag in die Burg ein. Dabei wußte jeder, daß es nur noch um die Verlängerung einer Agonie ging.

Unter absurden Durchhalteparolen und Wunderwaffenpropaganda zerschlugen die Pfeilkreuzler die kleinen Netzwerke des militärischen und zivilen Widerstandes und töteten wahllos die Juden auf offener Straße – die meisten Opfer endeten in den eisigen Wellen der Donau. Eine «Endlösung» blieb nur aus, weil die Einheiten der Roten Armee im Dezember 1944 bereits vor Budapest standen, nach einem Monat Kampf den deutschen Gegner vertrieben und am 4. April die österreichische Grenze erreichten.

Zwei Katastrophen markieren dieses Datum: Ungarn verlor 40 Prozent seines Nationalvermögens, die Hälfte seiner Betriebseinrichtungen und bis zu 80 Prozent seines Viehbestands. Die Hauptstadt lag in Trümmern, sämtliche Donaubrücken wurden von den Besatzern gesprengt. All dies konnte man ersetzen, produzieren, wiederaufbauen. Aber die 900 000 Toten – Armeeangehörige und Zivilisten – waren der eigentliche Verlust. Unter ihnen befanden sich ungefähr 50 000 Roma und eine halbe Million Ungarn jüdischer Herkunft.

400 000 von ihnen, mehrheitlich aus der Provinz, wurden nach der Besetzung des Landes mit Hilfe von Adolf Eichmanns «Judenkommando» und unter Mitwirkung der Gendarmerie und lokaler Mächte in deutsche KZs deportiert. Es begannen die Plünderung des gesamten jüdischen Vermögens, das obligatorische Tragen des gelben Sterns und die Einrichtung von Ghettos. Unter dem Druck der internationalen Öffentlichkeit und nunmehr auch inneren Protests der großen Kirchen ließ Horthy die Züge nach Auschwitz stoppen, wodurch wenigstens der Großteil des Budapester Judentums gerettet werden konnte. An dieser Rettung beteiligten sich sowohl Widerstandsgruppen wie einzelne Helden, christliche Geistliche und Diplomaten wie der Schwede Raoul Wallenberg oder der Schweizer Carl Lutz.

Zwei Gestalten

Die außergewöhnliche Dramatik des 20. Jahrhunderts schuf in Ungarn bewundernswerte Biographien. Die Gemeinsamkeit der zwei berühmtesten Opfer der deutschen Okkupation und der Schreckensherrschaft der Pfeilkreuzler besteht allein im tragischen Abschluß ihrer Lebensbahn.

Endre Bajcsy-Zsilinszky (1886–1944, Politiker und Publizist, Mitglied des von Horthy gegründeten Heldenordens) kam aus dem Lager der 1919 siegreichen Gegenrevolution. Der überzeugte «Rassenschützer» der zwanziger Jahre gelangte aufgrund der eigenen Weltanschauung zu dem Schluß, daß die «ungarische Rasse» vor allem durch die unmenschlichen sozialen Verhältnisse bedroht sei, und um sie zu retten, müsse man eine radikale Bodenreform durchsetzen, die keine der etablierten Parteien durchführen wolle oder könne. So landete Bajcsy-Zsilinszky nach langer Wegsuche 1936 in der Linkspartei der Kleinen Landwirte. Im Zuge der antijüdischen Gesetze, welche die besten Freunde seiner Jugend konzipierten, befreite er sich allmählich von seinem Antisemitismus und war einer der schärfsten Kritiker der Rassengesetzgebung sowohl in seinen Zeitungen als auch im Parlament.

Mit dem Ausbruch des Weltkriegs trat er immer offener gegen die einseitige deutsche Orientierung der Budapester Regierung auf. Im Parlament setzte er eine gerichtliche Untersuchung des Blutbads durch, das ungarische Militärs im besetzten Jugoslawien unter der Zivilbevölkerung angerichtet hatten. Als am 19. März 1944 die Wehrmacht Ungarn okkupierte, stand Bajcsy ganz oben auf der Liste der «zu isolierenden» Personen. Bei der Verhaftung leistete er dem sechs Mann starken Kommando der Gestapo bewaffneten Widerstand und wurde verwundet. Nach mehreren Monaten Haft hat man ihn der ungarischen Regierung ausgeliefert, die jedoch damals bereits heimlich am Waffenstillstand arbeitete. Am 15. Oktober kam Bajcsy frei und organisierte den zivilen und militärischen Widerstand, an dem ein breites Spektrum von Antifaschisten – Kommunisten wie «freie Königswähler» – beteiligt war. Durch Verrat fiel er jedoch wieder in die Hände der Nazis – diesmal des «Abrechnungshofes» von Szálasi. Er wurde zum Tode verurteilt und am 24. Dezember 1944 im Gefängnis Sopronkőhida an Ungarns Westgrenze gehängt. Im Mai 1945 fand seine feierliche Beisetzung als Märtyrer der Nation statt. Die Straße, die vormals nach Kaiser Wilhelm II. benannt wurde, trägt seitdem seinen Namen.

Ungefähr ein Jahr nach Bajcsys Bestattung fanden Familienangehörige und Freunde in einem Massengrab die sterblichen

Überreste des Dichters Miklós Radnóti (1909–1944). Bei dem Toten entdeckten sie ein Notizheft mit den letzten Gedichten, die er im Arbeitslager «Heidenau» der Organisation Todt (Bor in Serbien) sowie auf dem «Gewaltmarsch» durch Ungarn geschrieben hatte. Der Lyriker Radnóti stammte aus einer jüdischen Familie und zählte seit Ende der zwanziger Jahre zu den großen Hoffnungen der ungarischen Dichtkunst. Er war für seine linken zum Teil sozialistischen Sympathien bekannt und verstand sich gleichzeitig als gläubiger Christ. Angesichts der Diskriminierungsgesetze lehnte er jedoch eine förmliche Konversion zum Katholizismus ab, gerade weil sie für ihn «Vorteile gebracht hätte».

Radnótis Nachlaß zeugt nicht nur von der Krönung seines poetischen Œuvres, sondern war und bleibt auch ein erschütterndes menschliches Dokument. Jenseits aller Demütigungen und Todesdrohungen, denen er in seiner Heimat ausgesetzt war, identifizierte er sich in seinem Gedicht *Ich kann nicht wissen* von Januar 1944 nicht mit dem Piloten der Alliierten im ungarischen Luftraum, sondern mit dessen potentiellen Opfern: den einfachen Menschen seines Landes.

Gewiß, wie andre Völker, sind wir schuldig ebenso,
wir wissen, wann wir sündigten, womit und wie und wo,
doch gibt's auch Bauern ohne Schuld, Dichter und zart beschirmt
den Säugling, von dem ersten Anhauch von Vernunft gefirmt,
sie keimt in ihm, er hütet sie in finstren Kellern treu
bis einst der Friede unserm Land sein Zeichen prägt aufs neu
und hell die neue Jugend spricht zum grabentstiegnen Volke.
Breit deine Schwingen über uns, wachende dunkle Wolke!

(Aus dem Ungarischen von Franz Fühmann)

IV. Ungarn in der Nachkriegszeit

Von der Republik zur Volksrepublik

Lange vor jenem Apriltag des Jahres 1945, der dann bis 1989 als Befreiung des Landes mit roten Buchstaben in den Kalender einging, fand in Ungarn eine Wachablösung statt, deren Ausmaß nur mit derjenigen von 1920 zu vergleichen ist. Nicht nur mit der Pfeilkreuzlerherrschaft, sondern auch mit der fünfundzwanzig Jahren andauernden Ära Horthy wurde aufgeräumt. Der plakative Optimismus der im Dezember 1944 durch die Provisorische Nationalversammlung geschaffenen Provisorischen Nationalregierung trug die Farben der traditionellen Trikolore: «Wenn alle ehrlichen Ungarn sich (...) zur Errichtung des neuen, lebenskräftigen, demokratischen Ungarn zusammenschließen, dann», so der populäre Slogan, «gibt es eine ungarische Wiedergeburt!»

Diese Rhetorik erschien vielen Zeitgenossen als glaubwürdig. Schließlich bestand das Parlament aus mehreren, miteinander rivalisierenden Parteien, die lokale Verwaltung beruhte ebenfalls auf Koalitionsbasis, im November 1945 fanden freie und geheime Wahlen statt, aus denen die Partei der Kleinen Landwirte mit 56 Prozent der Stimmen als Sieger hervorging, die Zeitungen diskutierten offen über die politischen Fragen, und nicht zuletzt erhielten im Rahmen der Bodenreform 650 000 Bauern eigenes Ackerland. Das Gesetz 1/1946 erklärte die Republik zur Staatsform des Landes. Die nunmehr legal tätige kommunistische Partei ergriff jeden Anlaß, um die Öffentlichkeit zu überzeugen, daß sie nicht daran denke, das mißglückte Experiment der Rätemacht von 1919 zu wiederholen. Formal wiesen alle Zeichen in Richtung des bürgerlichen Parlamentarismus, freilich mit einer starken linken und sozialen Färbung.

Heute wissen wir, daß die Alliierten bereits während des Krieges die Einflußsphären in Europa – und zwar sowohl in besiegten als auch in Siegerstaaten – untereinander aufgeteilt hatten. Ob diese Regelung Definitives über die politische Ordnung des jeweiligen Bereichs aussagt, sei dahingestellt. Vieles weist jedoch darauf hin, daß kommunistische Spitzenfunktionäre die stufenweise Sowjetisierung der Machtstrukturen zumindest als eine Variante vorgesehen hatten, was sie jedoch vor ihrer Anhängerschaft und den linken Koalitionspartnern sorgfältig geheimhielten.

Speziell in Ungarn als einem besetzten und formal von allen Alliierten überwachten Land handelten die Kommunisten (die 1945 immerhin mit 17 Prozent in der Wählergunst standen) anfänglich mit beträchtlichem diplomatischen Geschick. Ihr Parteiführer Mátyás Rákosi (1892–1971), umgeben mit dem Nimbus seiner 16 Jahre langen Haftstrafe in der Ära Horthy, verhandelte einerseits mit seinen Partnern und ausländischen Diplomaten wie ein jovialer bürgerlicher Staatsmann und schickte gleichzeitig sowjetisch formulierte Geheimberichte nach Moskau, unter anderem an den «Genossen Filippow» (Stalins konspirativer Name im Schriftverkehr mit den ausländischen KP-Chefs).

Selbst diese zeugten jedoch nicht von der Absicht, unmittelbar eine «proletarische Diktatur» einzurichten. Als bei den zweiten Wahlen im September 1947 die KPU, teilweise durch massive Fälschungen, mit 22 Prozent die stärkste parlamentarische Fraktion stellen konnte, gab sich der Parteiführer und stellvertretende Ministerpräsident in seinem Brief an den Moskauer «Hausherrn» relativ bescheiden: «Nun haben wir bereits einige Erfahrungen in der Behandlung der Möglichkeiten der bürgerlichen Demokratie, und wir hoffen, daß wir als große, zielbewußte und einheitliche Partei in dieser Lage, da die anderen verstört und unsicher sind, standhalten werden. Selbstredend sehen wir auch ein, daß Situationen entstehen können, in denen wir uns nicht übertrieben an die Regeln der formalen Demokratie halten werden.» Ein Jahr später, als es mit dem Parlamentarismus eindeutig und endgültig bergab ging, soll laut Überlieferung ein hoher Funktionär auf einer Versammlung geäußert haben: «Ich kann den Genossen im Flüsterton bereits verraten, daß es bei uns inzwischen eine Diktatur des Proletariats gibt.»

Jedenfalls übten sich die führenden Kräfte der Partei in der sogenannten Salamitaktik, das heißt, sie bekämpften ihre Gegner «in Scheiben». Von der (berechtigten, obwohl unsauber durchgeführten) Entnazifizierung gingen sie allmählich zu einem (immer noch nicht ganz grundlosen) «Kampf gegen die Reaktion» über. Dann leiteten sie zumindest teilweise erfundene Prozesse gegen geschwätzige, jedoch harmlose Splittergruppen wie die «Ungarische Gemeinschaft» ein (Dezember 1946), ließen besonders unbequeme Kontrahenten wie den Generalsekretär der Kleinlandwirte von den Sowjets verhaften (Februar 1947) und legten dem Ministerpräsidenten aus derselben Partei das Exil in der Schweiz nah (Mai 1947). Später setzten sie ihre nächsten Verbündeten, die Sozialdemokraten, mit dem Slogan von der Arbeitereinheit unter Druck und führten eine Zwangsvereinigung zur «Partei der Ungarischen Werktätigen» durch (Juni 1948). Selbst ihre höchste Popularität hätte sie ohne die von vornherein abgemachte Kontrolle über die «Politische Polizei» und, versteht sich, ohne offene und diskrete Unterstützung der Besatzungsmacht kaum dazu befähigt.

Wie wirkte das alles auf einen idealistischen jungen Kommunisten oder Linksdemokraten? In erster Linie gewann er wohl den Eindruck, daß die Kommunisten überall präsent waren und positiv wirkten. Sie bestraften die Hauptverantwortlichen des Nazispuks, verteilten das Land unter «Dózsas Volk» (so hieß ein oft gesungenes Lied der damaligen Zeit), hoben die Adelsprivilegien auf – selbst die Formel «von» schafften sie ab –, nach der Hyperinflation mit astronomischen Banknoten druckten sie die gedeckte Währung Forint, bauten die Donaubrücken und die Eisenbahnlinien wieder auf, eröffneten für die ärmere Jugend «Volkskollegien», reformierten das Schulwesen, protestierten gegen die Unterdrückung der ungarischen Minderheit in der Tschechoslowakei und überzeugten sogar die große Sowjetunion von der Notwendigkeit, die ungarischen Kriegsgefangenen zu entlassen. Sie wagten überhaupt etwas in einem Lande, wo Wagemut zu den seltensten Tugenden gehört hatte.

Hingegen war die Sichtweise der mehrheitlich bäuerlichen Normalbevölkerung etwas anders, und zwar keineswegs allein aufgrund der Gehirnwäsche der Vorkriegszeit. Die Plünderungen und Vergewaltigungen der Roten Armee, die Internierungslager, die enorme Last der Reparationen an die Sowjetunion (300 Millionen US-Dollar), die von Anfang an aggressive atheistische Propaganda der linken Parteien ließen bereits im Frühjahr 1945 manche Zweifel an der Ehrlichkeit ansonsten attraktiv klingender kommunistischer Slogans aufkommen. Hinter der Verstaatlichung der größten Betriebe (November 1946) und der Banken (November 1947) vermuteten sie (mit Recht) den Anfang einer allgemeinen «Sozialisierung» à la 1919, und schließlich waren sie tief enttäuscht vom Pariser Frieden (Februar 1947), einem zweiten Aufguß von Trianon, den sie wiederum, diesmal zu Unrecht, der KP vorwarfen. Weniger empfindlich reagierten sie auf die von den Alliierten sanktionierte Massenvertreibung der Ungarndeutschen, durch die wohl so mancher «Neuwirt» seine Existenz begründen konnte. Den Schauprozeß gegen Kardinal József Mindszenty (1892–1975) im Februar 1949 betrachteten sie als böses Omen für die alte Dorfstruktur mit dem Pfarrer als höchster Autorität. Als dann die Kollektivierung einsetzte, waren sie keineswegs dadurch beruhigt, daß die neue Form der Agrarwirtschaft nicht als «Kolchos», sondern lediglich als «Produktionsgenossenschaft» bezeichnet wurde.

Vieles lief damals über die Sprachregelung. Die Auflösung politischer Parteien wurde als Gründung einer «Ungarischen Unabhängigkeitsfront» verbrämt, deren «Einheitsliste» bei den Wahlen im Mai 1949 96 Prozent der Stimmen «gewann». Die Reparationszahlungen an die Sowjetunion tarnten «gemeinsame Unternehmen» der Erdölindustrie, Flug- oder Schiffahrt, und vor allem wurde das schlimme Wort Diktatur möglichst vermieden. Man sprach allerorten von Demokratie, höchstens stellte man die Frage, ob es nun um die «bürgerliche» oder die «volkseigene» Variante gehe. Die *vox populi* – diesmal wahrscheinlich der Budapester Kleinbürger – reagierte auf die terminologische Debatte mit dem Witz: «Was ist der Unterschied zwischen Demokratie und Volksdemokratie? Derselbe wie zwischen Jacke und Zwangsjacke.»

Der klassische Terror in Ungarn

Die ersten Schauprozesse gegen die eigene «alte Garde» begann Stalins KPdSU 16 Jahre nach seiner Machtübernahme. Mátyás Rákosi, von den Leitartiklern der gleichgeschalteten Zeitungen als «Stalins bester ungarischer Schüler» gerühmt, brauchte einige Wochen dazu. Noch liefen die ersten unfreien Wahlen im Sommer 1949, und auf den Straßen der Hauptstadt tanzte das Publikum des Festivals der Weltjugend, als sich hohe Funktionäre der KP bereits in den Kellern der Geheimpolizei ÁVH befanden. Die Anklage lautete ursprünglich: «trotzkistische, imperialistische Spionage und Verschwörung» und wurde erst später um das Attribut «titoistisch» ergänzt.

Bei aller kafkaesken Absurdität kann man dem Prozeß gegen den früheren Innen- und Außenminister László Rajk und seine Mitangeklagten im Herbst 1949 eine gewisse, wenngleich abstruse Logik nicht absprechen. Der Krieg zwischen den beiden Weltblöcken war «kalt», zumindest in Europa fielen keine Schüsse. Trotzdem mußte «gekämpft» werden, einerseits aufgrund von Stalins These von der «Verschärfung des Klassenkampfes» während des sozialistischen Aufbaus, andererseits aus ganz konkreten Gründen. Titos Jugoslawien lehnte die sowjetische Bevormundung ab und galt deswegen als Satellit des Westens, während der kurz zuvor gefeierte Marschall als «Kettenhund der Imperialisten» gebrandmarkt wurde. Da jedoch die Vereinbarung zwischen den Großen keine sowjetische Vorherrschaft vorsah, konnte auch das abtrünnige Balkanland nicht angegriffen werden. Statt dessen wurden die Prozesse in Ungarn (und Bulgarien) als Ersatzkrieg gegen den südlichen Nachbarstaat geführt. Einige Jahre später beim Schauprozeß von Prag war der «Zionismus» zum Hauptfeind erkoren.

Die Hauptangeklagten der im Budapester Gewerkschaftshaus inszenierten «offenen Verhandlung» – allesamt «Heimatkommunisten» und Antifaschisten der Vorkriegszeit – gestanden unter Folter und falschen Versprechungen allerlei Sünden: Spitzeldienste für die Horthy-Polizei, Zusammenarbeit mit sämtlichen westlichen Geheimdiensten, Mordpläne gegen die Führer der Partei u. a. Sowohl die Prozeßführung als auch die grausamen Hinrichtungen zeugten von Moskaus Handschrift, zumal dessen «Experten» das Verfahren von Anfang bis Ende begleiteten. Was Rákosi anbelangt, so gab er öffentlich zu, daß ihm die Arbeit an dem blutigen Schauspiel «viele schlaflose Nächte» verursacht hatte.

Der Rajk-Prozeß war jedoch nur das Fanal. Nach ähnlichen, teilweise geheimen Prozessen gegen andere Kommunisten, ehemalige Sozialdemokraten und sogar Sicherheitsbeamte ging man zum Massenterror über. Zwischen 1949 und 1953 leitete man ungefähr eine Million Strafverfahren gegen Bürger der seit 1949 sogenannten Volksrepublik ein, deren Verfassung der Form nach sämtliche Freiheiten garantierte. Theoretisch konnte jeder behelligt werden, weil er den Sender *Voice of America* hörte oder politische Witze erzählte, den Plan seines Betriebs nicht erfüllte («Sabotage») oder mit ausländischen Verwandten korrespondierte («Spionage»).

Zwei soziale Gruppen, die ansonsten wenig miteinander zu tun hatten, «erfreuten sich» der besonderen Aufmerksamkeit der «Behörde». Ehemalige Aristokraten, Großbürger, höhere Beamte oder Offiziere des Horthy-Regimes, etwa 15 000 Personen wurden ohne jedes Polizei- oder Gerichtsverfahren aus der Hauptstadt ausgewiesen und zur Zwangsarbeit in die entferntesten Ecken des Landes verbannt. Anders jedoch als bei ähnlichen Maßnahmen der Kommune 1919 gingen die leerstehenden Nobelwohnungen, Schlösser und Villen an hohe Kader. Eines der vorgeschobenen Argumente – die Wohnungsnot zu lindern – erwies sich als um so absurder, da zur gleichen Zeit die Massenflucht der dörflichen Bevölkerung in die Städte begann.

Der Grund dafür bestand in dem Ablieferungssystem, das jedem Feudalherrn des Mittelalters zur Ehre gereicht hätte. Auf der Suche nach verstecktem Getreide, Vieh oder gar Eiern fegten die Kommandos der ÁVH die Dachböden der Bauern leer und nahmen zusammen mit den Produkten das Familienoberhaupt mit, das von nun als «Kulak» (Großbauer) galt und entweder im Gefängnis oder in einem der berüchtigten Internierungslager landete. Um keinen Zweifel aufkommen zu lassen, gab der zuständige Minister 1951 eine Erklärung heraus: «Die obligatorische staatliche Erfassung der landwirtschaftlichen Produkte ist keine Übergangs- oder Notmaßnahme, sondern ein organischer Teil unserer Volkswirtschaft (...). Die Bauern sollen wissen, daß ihnen die Schulden nicht erlassen werden, sondern daß diese vielmehr mitsamt der Strafe eingetrieben werden.»

Die Lohnabhängigen – formal Angehörige der herrschenden Klasse – litten unter einem auslaugenden Normsystem, «freiwilligen» Überstunden und einem Verbot, den Betrieb zu verlassen. Eine Ausnahme bildeten die Erntezeiten mit ihrem chronischen Mangel an Arbeitskräften. Die Tonart der Behörden wurde milder und klang fast nach einer Amnestie: «Diejenigen, die ihren Arbeitsplatz willkürlich verließen und bis zum 8. August an der Ernte teilnahmen (…), dürfen bis zum 1. September an ihren Arbeitsplatz zurückkehren, ohne die Folgen ihres eigenmächtigen Fernbleibens tragen zu müssen. Die gegen sie bereits eingeleiteten Strafverfahren sind aufzuheben.»

Also konnten die flüchtigen Bauern wieder ruhig vor den Lebensmittelläden Schlange stehen und warten, bis der Lastkraftwagen das Brot aus der nächsten Stadt an die Produzenten lieferte (Tagesration: 250 Gramm.) Währenddessen beschwerten sich die Stadtbewohner über den Mangel an Lebensmitteln. Selbst die zweifellos vorhandenen sozialen Neuerungen wie etwa der Aufbau eines zeitgemäßen und kostenlosen Gesundheitswesens, was beispielsweise die «morbus hungaricus» genannte Tuberkulose beseitigte, oder das System von billigen Urlaubsheimen waren für den Normalbürger kaum spürbar. Niemanden tröstete die Tatsache, daß die Industrieentwicklung um den Preis der Zerstörung der Landwirtschaft sogar 20 Prozent Wachstum verbuchen konnte, daß Produktionsgiganten und ganze «sozialistische Städte» wie Sztálinváros an der Donau entstanden, und auch die Vision, Ungarn zu einem «Land des Eisens und des Stahls» zu machen, konnte immer weniger Menschen begeistern.

Die Kulturrevolution

Zwei positive Erscheinungen müssen vorausgeschickt werden: die staatliche Unterstützung des Schulwesens und speziell der Studienmöglichkeiten von Jugendlichen aus Arbeiter- und Bauernfamilien sowie der massenhafte und billige Zugang zu Kunstwerken. Die erste Wohltat war jedoch mit einem ausgeklügelten Diskriminierungssystem verbunden. Kindern aus bürgerlichen bis kleinbürgerlichen Familien oder «klassenfremden Elementen» – in jedem Klassenbuch auch als solche bezeichnet – war die Beförderung erschwert, wenn nicht sogar untersagt. (Der Autor dieser Zeilen erfreute sich als Schüler einer milderen Klassifizierung: Urkundlich galt er als «Sonstiges» – ein Euphemismus für Kinder aus nicht wohlhabenden kleinbürgerlichen Familien.) Und die Kunstpropaganda verbreitete zwar einerseits wertvolle Klassik, litt gleichzeitig aber am meisten unter dem sowjetischen Vorbild. Russisch als Pflichtfach – von der fünften Klasse der Hauptschule bis zum Abitur, also acht Jahre lang – erwies sich, milde ausgedrückt, als unproduktiv. Gleichzeitig sorgte der Eiserne Vorhang dafür, daß die kulturelle Orientierung restlos dem «Großen Bruder» folgte.

Besonders im Bereich der Literatur war dieser Prozeß mit exakten Zahlen meßbar: Von 1945 bis Ende 1949 erschienen in Ungarn sowjetische Bücher in einer Auflage von insgesamt 549 000 Exemplaren. Allein 1949 erreichte diese Zahl 1 649 000, und die Tendenz blieb steigend. Bei diesem Dumping spielte das Nachholbedürfnis eine gewisse Rolle – so war die Erstausgabe von Scholochows *Stiller Don* in 70 000 Exemplaren vergriffen. Auch die neuen Übersetzungen von Tolstoj, Tschechow oder Puschkin waren gesucht. Aber billige Propagandaromane wie Aschajews *Fern von Moskau* füllten nun die Regale der Betriebsbibliotheken oder die Lagerräume.

Auch die besonders populäre Leinwandkunst bot ein recht armseliges Sortiment an. Ein durchschnittliches Wochenprogramm sah ungefähr folgendermaßen aus:

Kino Erster Mai: *Mit vollem Schwung* (ungarischer Film)
Kino Roter Stern: *Aschenputtel* (sowjetischer Film)
Kino Balaton: *Das Gawrilow-Tanzensemble* (sowjetischer Film)
Kino Marx: *Rumänischer Friedenskongreß* (rumänischer Film)
Kino Partisan: *Das Strandgut rächt sich* (ungarischer Film)
Kino Fackel: *Die kleinen Partisanen* (tschechoslowakischer Film)
Kino Puschkin: *Chinesischer Zirkus* (sowjetischer Film)
Kino Sowjet: *Das Leben siegt* (rumänischer Film)

Kein Wunder, daß sich überlange Schlangen bildeten, wenn ein paar Streifen des italienischen Neorealismo oder fortschrittliche französische Filme mit Gérard Philippe oder Gina Lollobrigida gezeigt wurden.

In der Literaturlenkung versuchte man eine mildere Version der sowjetischen Kulturpolitik zu etablieren. Von einer Zensur im althergebrachten Sinne läßt sich nicht sprechen. Vielmehr gab es einen Forderungskatalog im Sinne der Parteilichkeit, der Volkstümlichkeit und des Optimismus. In einem als Debatte getarnten Parteiverfahren bekämpfte man Georg Lukács' Literaturtheorie, die allzusehr von westlichen Autoren wie Thomas Mann geprägt war. In einer anderen warf man dem Prosaisten Tibor Déry fast Verrat vor, weil dieser in seinem Roman *Die Antwort* die «führende Rolle der Partei» in der Vorkriegszeit schlicht und einfach unbeachtet gelassen hatte. Viele Schreibende durften in dieser Zeit nur als Übersetzer publizieren, und eine sichere Karriere machten hauptsächlich Autoren von Lobeshymnen auf die Parteiführer und den Sozialismus.

Trotzdem konnte der moderne Geist der ungarischen Kultur nie ganz zum Verstummen gebracht werden. Gedichte von Gyula Illyés, Kompositionen von Zoltán Kodály oder Gemälde von István Csók vertraten eine maßgebende Qualität und enthielten eine Sichtweise, die später im Kampf gegen die politische Bevormundung von Kultur und Gesellschaft als unwiderlegbares Argument diente. Wie Kodály gegenüber den Propagandisten einmal meinte: «Die Kometen lassen sich schwer in die Straßenbeleuchtung integrieren.»

Die Stunden der Wahrheit

Die erste öffentliche Diskussion in Ungarn seit 1947, die diesen Namen verdient, drehte sich im Spätsommer 1953 um die scheinbar harmlose Frage, ob man trotz verordnetem Optimismus auch traurige Gedichte schreiben dürfe, und wenn ja, in welchem Maß und aus welchen Gründen. Weit über literarische Kreise hinaus erhielten die in der Wochenschrift *Irodalmi Ujság* (Literaturzeitung) veröffentlichten Worte eines jungen Philosophen aus Lukács' Umfeld einen besonderen Klang: «Sind wir tatsächlich traurig, weil wir unserem Wesen nach so gerne traurig sind? Oder sind wir es vielmehr, weil uns die Umstände dazu zwingen? Persönliche und gesellschaftliche Umstände. (...) Unsere Trauer entspringt nicht nur den Sorgen des privaten Lebens, sondern auch sozialen Gegebenheiten; wenn wir zum Beispiel Fehler sehen oder wenn wir sehen, wie der Versuch, diese Fehler zu korrigieren, sogleich zum Scheitern verurteilt ist.» Das Schlüsselwort «Fehler» machte diesen im Grunde verklausulierten Monolog von István Mészáros zu einer Provokation.

Die Destabilisierung nach Stalins Tod (5. März 1953) zwang die Moskauer Parteiführung, deren innere Machtkämpfe noch bevorstanden, die Situation in ihrem Einflußbereich zu prüfen. Sie hatte das Gefühl, daß die Volksrepublik Ungarn das schwächste Glied in der Kette der Volksdemokratien war. Deshalb zitierte sie eine Delegation mit Parteichef Rákosi an der Spitze in den Kreml und bestimmte deren Zusammensetzung selbst. (András Hegedüs, selbst Mitglied der kleinen Abordnung, erzählte mir später, daß alle, die nicht eingeladen wurden, dies als sicheres Zeichen der Ungnade begriffen.)

Die Sowjets – unter ihnen Chruschtschow, Molotow, Malenkow und Berija – lieferten ihren Genossen eine schonungslos präzise Schilderung der katastrophalen Lage Ungarns und verlangten möglichst rasche Änderungen mit persönlichen Konsequenzen. Ohne an Rákosis Position als Parteichef rütteln zu wollen, lösten sie ihn als Premier ab und ernannten an seiner Stelle den ebenfalls aus dem Moskauer Exil zurückgekehrten Altkommunisten Imre Nagy (1896–1958) – nebenbei gesagt jenen Erfassungsminister, dessen strenge Verordnung oben zitiert wurde. Verblüffend klang besonders die Begründung ihrer Wahl: Der Kandidat entstamme, anders als die vier Spitzenfunktionäre des Systems, keiner jüdischen Familie. Offiziell sprach man von einer «Förderung nationaler Kader».

Nagy war kein Gorbatschow mit großartigen Plänen, sondern ein nüchterner Agrarfachmann, sofern diese Eigenschaft überhaupt gefragt war. Nun spürte er den Moskauer Rückenwind und wollte eigentlich den sowjetischen Genossen helfen. Er wußte, daß die fast unerträgliche Spannung im Lande erst dann beruhigt werden konnte, wenn bestimmte «Errungenschaften» der Ära Rákosi radikal rückgängig gemacht wurden. Ein ZK-Plenum Ende Juni 1953 – kurz nach dem Aufstand der DDR-Arbeiter – verurteilte unter anderem den «Personenkult» und die «Gesetzesverletzungen», d. h. die Schauprozesse, zumindest gegen die Kommunisten. Man einigte sich auf eine Auflösung der durch Zwang entstandenen Genossenschaften und auf eine Überprüfung des Tempos der Industrialisierung. Das Paket trug die knappe Bezeichnung «Neuer Abschnitt» und wurde zunächst für alle Fälle geheimgehalten.

So kam es, daß all die Segnungen – ganz konkret die Schließung der Internierungslager und die Aufhebung der Zwangsaussiedlung der ehemaligen Elite – Imre Nagy als neuer Regierungschef am 4. Juli im Budapester Parlament verkündete. Er las wie jeder Apparatschik vom Blatt, in einer langweiligen, bürokratischen Sprache. Ein Nebensatz jedoch über den «gemeinsamen Herzschlag von neun Millionen Ungarn» ragte aus dem Text heraus und machte den Redner rettungslos zum Hoffnungsträger.

Währenddessen wurde in Moskau Lawrentij Berija verhaftet, und Rákosi nützte den Anlaß, um gegen Nagy zu intrigieren und den «Neuen Abschnitt» als für die Partei und den Sozialismus gefährlich zu kompromittieren. In dieser Situation suchte und fand der Ministerpräsident die Unterstützung innerhalb der Partei – aufgeklärte Funktionäre oder Intellektuelle, Autoren und Journalisten, deren geistige Mittäterschaft bei den Verbrechen der Diktatur ihr Gewissen stark belastete.

Speziell in der Literatur und Publizistik war eine Eigendynamik wirksam: Jede Ausweitung der Fehlerdiskussion bedeutete das Überschreiten eines Tabus und damit die Erweiterung der Pressefreiheit. Die von den Fraktionskämpfen ermüdete Partei duldete eine Zeitlang die kontinuierliche Kritik, schlug dann jedoch August 1954 zu, als sie die Zeitung *Irodalmi Ujság* (damalige Auflage: 24 000) beschlagnahmen ließ. Dies war ebenso Teil der Anti-Nagy-Kampagne wie das Parteiverfahren gegen 63 kommunistische Intellektuelle, die in einem Memorandum die Ausweitung kultureller Freiheiten gefordert hatten.

Währenddessen lösten sich tatsächlich Tausende von landwirtschaftlichen Genossenschaften auf, begannen die ersten Prozesse gegen Rákosis Helfershelfer, die Gefangenen, unter ihnen János Kádár (1912–1989), wurden entlassen und erlangten gleich hohe Posten. Was sich das Volk dabei dachte, zeigte sich nur gelegentlich in scheinbar irrationalen Ausbrüchen der Enttäuschung. So geschah es zum Beispiel im Juli 1954, als Ungarn die Fußballweltmeisterschaft gegen Deutschland verlor und die Polizisten des Polizeistaates vor den wütenden Fans in die Toreinfahrten flüchteten.

Rákosi schien bessere Moskauer Kontakte als sein Gegner zu haben. Nagy wurde zuerst seines Amtes enthoben, aus seinen Parteifunktionen entfernt und schließlich im Dezember 1955 aus der Partei ausgeschlossen. Gleichzeitig verwandelte sich der ursprüngliche Funktionär sowjetischen Schlags in eine eigenständige politische Persönlichkeit, deren Programm – eine gemäßigte, pragmatische Machtausübung im Rahmen des Systems – manchen Kremlführern als Versuchsballon gar nicht ganz fremd war. Der weitere Verlauf der Ereignisse rechtfertigte den Ketzer. Zwei Monate nach dessen Parteiausschluß verurteilte Chruschtschow in seiner Geheimrede auf dem XX. Parteitag Stalins Verbrechen. Der Führer der ungarischen Delegation war Rákosi, und er wußte, daß nun nicht mehr Nagy, sondern er selbst der isolierteste Mensch im Lande war.

Trotzdem mußte noch ein halbes Jahr vergehen, bis sich die sowjetische Führung bereit zeigte, von ihrem Günstling Abschied zu nehmen und ihn mit einem Sonderflugzeug in die Sowjetunion zu befördern, ein ehrenhaftes, dennoch unfreiwilliges Asyl, aus dem er zu Lebzeiten nicht mehr zurückkehren durfte. Dies geschah bereits nach dem Aufstand von Poznan und inmitten der heißen Diskussionen des Petőfi-Klubs, die mit Lautsprechern auf die Straße übertragen wurden. Der Schriftstellerverband verhielt sich immer offener wie eine Oppositionspartei, oder noch schlimmer, wie einer ihrer Sprecher sagte: «Die Partei sind wir, unsere immer größer werdende Gruppe ...» Auch die Forderungen wurden radikaler. Der Mittelschullehrer und Historiker György Litván verlangte während einer Parteikonferenz in Rákosis Anwesenheit dessen Abdankung – eine Szene, die früher unvorstellbar gewesen wäre.

Als besonders schicksalhaft für das Regime erwies sich die

Neubestattung des rehabilitierten László Rajk und seiner Kampfgefährten. Nicht, daß die mehreren Zehntausend, die bei der Zeremonie anwesend waren, alle glühende Verehrer des hartgesottenen kommunistischen Innenministers von einst gewesen wären. Dennoch war diese Beerdigung für viele symbolisch: Sie bedeutete das Ende eines Systems, das Justizmord überhaupt ermöglicht hatte.

Die Studentenschaft bereitete für Dienstag, den 23. Oktober, eine Solidaritätskundgebung mit den friedlichen Reformen in Polen vor. Die oberste Führung des Landes befand sich auf einem Canossagang bei dem früheren Erzfeind Tito in Belgrad. Das Innenministerium verbot zunächst die Demonstration, sah dann jedoch die Sinnlosigkeit dieses Vorhabens ein und stimmte zu. Parteichef Ernő Gerő kam in den Morgenstunden nach Budapest zurück und hielt um acht Uhr abends eine Rundfunkansprache, in der er den Aufmarsch der Studenten als «konterrevolutionäre Demonstration» bezeichnet hatte – Öl ins Feuer. Kurz danach fielen vor dem Gebäude des Rundfunks die ersten Schüsse. Fast gleichzeitig fand eine friedliche Demonstration vor dem Denkmal des polnischen Generals Jozef Bem von 1848 statt, während ein anderes Monument – von Stalin – am Rand des Stadtwäldchens unter dem Jubel der Menge gestürzt wurde. Nur die Stiefel des Tyrannen erwiesen sich als schwer lösbares technisches Problem – ich sah sie noch lange fest auf dem Sockel am Heldenplatz, den der Volkswitz zum «Platz des Schusters» umgetauft hatte.

Der Volksaufstand

Zunächst gab es keinen Versuch, dem Kind einen Namen zu geben. Das Etwas tanzte, tobte, sang, lachte, skandierte vorerst anonym auf den Straßen. Die *Prawda* sprach von einem «volksfeindlichen Abenteuer», János Kádár nannte die Ereignisse, solange er sich mit ihnen einverstanden zeigte «den ruhmreichen Aufstand unseres Volkes». Die Beteiligten sprachen von einer Revolution oder gar von einem Freiheitskrieg – in Anlehnung an 1848. Später galten die Tage vom 23. Oktober bis zum 4. November 1956 offiziell als «Gegenrevolution», besonders Eifrige fügten sogar das Schimpfwort «faschistische» bei. Wem diese Wortwahl nicht gefiel, der sprach entweder neutral von den «Oktoberereignissen» oder von «bedauerlichen Oktoberereignissen», manchmal mit finsterem Lächeln in der Abkürzungsformel «BOE». Schließlich durfte man in den achtziger Jahren von einer «nationalen Tragödie» sprechen. Der «Volksaufstand» war jahrzehntelang ein westlicher Terminus, bis ihn Imre Pozsgay im Februar 1989 in einem Radiointerview als solchen bezeichnete.

Dieses semantische Chaos entsprach voll und ganz dem Charakter der Vorgänge, die ich als Halbwüchsiger bereits miterlebt habe. Kommunistisch war «es» in keinem Fall. Als der «Alte», Imre Nagy, auf dem Balkon des Parlaments seine Rede an die Menge gewohnheitsmäßig mit «Genossen!» begann, schrien seine Anhänger zurück: «Wir sind keine Genossen!» Trotzdem sprach die Tatsache, daß er das Volk direkt anzusprechen versuchte, für sich selbst. Wie der Lyriker meiner Generation György Petri (1943–2000) in einer Ode an ihn schrieb:

Du warst unpersönlich wie die anderen bebrillten Führer
im Sakko, deine Stimme war nicht metallen,
denn du wußtest nicht, was du eigentlich sagen solltest
so unvermittelt den vielen versammelten. Gerade das Plötzliche
war ungewohnt für dich. Du alter Mann mit dem Zwicker (…)
Wer will sagen, was sagbar gewesen wäre
von jenem Balkon aus, Möglichkeiten
unter Maschinengewehren verfeuert, kehren nicht zurück (…)

(Aus dem Ungarischen von Hans-Henning Paetzke)

Dennoch klangen die teilweise in Reimform verfaßten Forderungen für eine Rebellion ziemlich moderat: «Ungarisch-sowjetische Freundschaft / auf der Grundlage der Gleichheit», «Ungarisch-polnische Freundschaft / Wohlstand und Freiheit», «Imre Nagy in die Regierung!», und die populärste Losung lautete: «Wer Ungar ist, hält zu uns!»

Erst die in den späteren Abendstunden des 23. Oktober immer häufiger zu hörenden «Russen raus!»-Rufe zeugten vom Übergang einer friedlichen Kundgebung in einen Aufstand. Maßgebend war eher die Tatsache, daß vor dem Rundfunkgebäude nicht nur geschossen, sondern auch zurückgeschossen wurde. Die Waffen, mit denen das Gebäude gestürmt wurde, stammten aus den Lagerräumen der Waffenbetriebe, von denen einer als «Lampenfabrik» firmierte. Aber die Aufständischen waren vor allem junge Arbeiter. Der plebejische Zug war nicht zu übersehen.

Der permanent konferierende Parteivorstand traf panische Entscheidungen. Einerseits ließ er Nagy zum Regierungschef ernennen, zwei Tage später den besonders verhaßten Gerő abdanken, und die populärsten Kommunisten wie Kádár, Ferenc Donáth, Géza Losonczy wurden in die Führung einbezogen. Andererseits wandte sich die Regierung bereits am 23. Oktober an die sowjetischen Truppen und bat um ihre Unterstützung – eine Bitte, die ohnehin als Beschluß auf dem Tisch des Moskauer Zentralkomitees lag.

Ausgerechnet das Erscheinen sowjetischer Panzer auf den Straßen führte die Situation herbei, die eine historische Charakteristik der Geschehnisse erschwert. Dieser Schritt, das am Morgen des 24. Oktober verkündete Standrecht, die fortgesetzte Hetze gegen die Demonstranten als «faschistische und reaktionäre Elemente» und schließlich die Eröffnung des Feuers durch ÁVH-Leute auf die Menge vor dem Parlament am 25. Oktober – all diese Maßnahmen schmiedeten eine Koalition zusammen, an der sämtliche politische Strömungen –

Kommunisten, Sozialisten, Anarchisten, Anhänger des Vorkriegsregimes, fallweise sogar ehemalige Pfeilkreuzler (schließlich lag der Herbst 1944 erst zwölf Jahre zurück) und auch unpolitische, einfache Kriminelle – beteiligt waren. Die Tätigkeit der letzteren erwies sich als besonders verhängnisvoll in Fällen von bestialischer Lynchjustiz, deren Opferzahl später offiziell auf 200 geschätzt wurde. Heutige Historiker sprechen von 28 Ermordeten – offensichtlich zählten sie die im bewaffneten Kampf gefallenen Soldaten oder Sicherheitsleute nicht dazu.

Die soziale Vielfalt der am Volksaufstand Beteiligten bedeutete jedoch keineswegs, daß einzelne Protagonisten oder die ungefähr 4000 Mann starken aufständischen Gruppen über ein klar umrissenes konkretes Programm verfügt hätten. Selbst Imre Nagy, der sich erst später von der «Ordnungspartei» auf die Seite der nun als «nationale und demokratische Revolution» bezeichneten Bewegung schlug, verfügte lediglich über einen Feuerwehrplan. Sein erstes Kabinett versprach unter anderem Verhandlungen über den Abzug der sowjetischen Truppen aus Budapest (was teilweise auch geschah), die Auflösung der ÁVH, die Erhöhung der Mindestlöhne, eine Verbesserung der Wohnungslage und die Förderung von Privatinitiative. Eine Restauration der «freien Marktwirtschaft» stand nicht zur Debatte. Selbst die dem aus seinem Hausarrest befreiten Kardinal Mindszenty zugeschriebene Forderung, der Kirche ihre Latifundien zurückzugeben, ist aus seiner Erklärung vom 3. November nicht herauszulesen. Vielmehr sprach der Kirchenfürst von der Notwendigkeit, «sowohl mit den großen Vereinigten Staaten von Amerika als auch mit dem gewaltigen russischen Reich» in Frieden und Freundschaft zusammenzuleben. Wahrscheinlich gingen manche Wünsche über die offen geäußerten Forderungen hinaus, aber maßgebende Verantwortungsträger wollten und konnten nicht an der Realität vorbeigehen.

Selbst das Anfang November etablierte zweite Kabinett von Imre Nagy, in dem die neugegründeten Parteien bereits präsent waren, sollte erst den Status quo von 1945 wiederherstellen. Der Ministerpräsident dachte an ein «jugoslawisches Modell» der Selbstverwaltung durch Arbeiterräte, zumal diese im Ansatz vorhanden waren. Er fühlte sich sogar gestärkt von der sowjetischen Regierungserklärung (30. Oktober), die den eigenen Weg der Volksdemokratien «im Prinzip», wie Radio Eriwan gesagt hätte, akzeptierte. Erst als die Meldungen über neue sowjetische Truppenbewegungen im Parlament, wo er sich Tag und Nacht aufhielt, eintrafen, entschloß er sich zu einem verzweifelten Schritt. Laut Zeitungsberichten bat er «Ihre Exzellenz, Herrn Andropow, den Botschafter der Sowjetunion zu sich» und erklärte ihm, daß Ungarn aus Protest gegen die drohende neue Invasion aus dem (1955 gegründeten) Warschauer Pakt austrete und «zum Schutz der Neutralität des Landes um die Hilfe der vier Großmächte bittet». Eine ähnliche Erklärung schickte er an den Generalsekretär der UNO, Dag Hammarskjöld. Eine Antwort blieb aus – es war ja ein Wochenende.

Am Sonntag, den 4. November, um halb sechs Uhr morgens, lauschten die schlaflosen Bürger mit angehaltenem Atem der Rundfunkerklärung ihres Regierungschefs: «Hier spricht Imre Nagy, der Vorsitzende des Ministerrates der Volksrepublik Ungarn. Heute morgen begannen die sowjetischen Truppen einen Angriff gegen unsere Hauptstadt mit dem offensichtlichen Ziel, die legale, demokratische ungarische Regierung zu stürzen. Unsere Truppen stehen im Kampf! Die Regierung befindet sich an ihrem Platz. Dies teile ich sowohl dem Volk des Landes als auch der Weltöffentlichkeit mit.» Darauf folgten noch verzweifelte Hilferufe in mehreren Sprachen, bevor der «Freie Sender Kossuth» verstummte. Nagy und seine Anhänger erhielten in der jugoslawischen Botschaft politisches Asyl – heute wissen wir, daß diese humanitäre Geste ein mit

Moskau koordiniertes abgekartetes Spiel war, um sie aus dem Verkehr zu ziehen. Mindszenty – Primas der katholischen Kirche – flüchtete in die US-Botschaft und blieb dort bis zu seiner Entlassung in den Westen im September 1971.

Der bewaffnete Widerstand dauerte bis zum 11. November, der politische noch weitere drei Monate an. Schließlich stand jedoch der von János Kádár gebildeten «Revolutionären Arbeiter- und Bauernregierung» nichts mehr im Wege.

Der europäische Kontext VI

Aus den Erinnerungen von Simone de Beauvoir wissen wir, daß sich der öffentliche Diskurs in Frankreich in den Novembertagen 1956 auf eine äußerst knappe Formel reduzieren ließ. «Und Budapest?», fragte der konservative Gallier vorwurfsvoll seinen linken Gesprächspartner, woraufhin dieser die ebenfalls anklagende Gegenfrage stellte: «Und Suez?»

Der ungarische Traum von der westlichen Hilfe – diesmal in Form eines eventuellen Einzugs der UNO-Truppen – erwies sich wieder einmal als Chimäre. Hinzuzufügen bleibt die Tatsache, daß der europäische Kontext selbst nur Teil von weltweiten Zusammenhängen war. Alle Länder des Kontinents waren Geiseln der beiden Atommächte, und selbst die Souveränität der kleineren NATO-Staaten bedeutete keineswegs einen vollständig freien Spielraum. Die Invasion von England und Frankreich (im Bündnis mit Israel) gegen Ägypten wegen der Verstaatlichung des Suezkanals stoppten die Vereinigten Staaten. Die zeitliche Koinzidenz mit dem ungarischen Aufstand konnte auch Schicksal sein, aber die Zusicherung der USA in der Note des Moskauer US-Botschafters vom 30. Oktober, den Erzfeind in seinem Bereich frei schalten und walten zu lassen, gehörte bereits zur Logik des Kalten Krieges als Gleichgewicht.

Die Halbierung der modernen Welt, als deren bildlicher Ausdruck die innerdeutsche Grenze (1949), die mit dem Lineal gezogenen Trennungslinien von Korea (1953) und Vietnam (1954) und schließlich die Berliner Mauer (1961) dienten, war ein Produkt gegenseitiger Angst der beiden Militärriesen vor dem eigenen nuklearen Potential. Die mehr als hundert militärischen Auseinandersetzungen der längsten europäischen Friedenszeit brachen ausschließlich zwischen Staaten aus, deren Zugehörigkeit entweder ungeregelt blieb (Grenzkonflikte zwischen China und Indien, Indien und Pakistan) oder aber unter Verbündeten (China und die Sowjetunion, Türkei und Griechenland). Bei aller Beteiligung an grausamen afrikanischen Blutbädern (Kongo, Nigeria) oder lateinamerikanischen Staatsstreichen und Revolutionen (Kuba, Chile) hüteten sich sowohl Moskau als auch Washington vor einem direkten Zusammenstoß. Die Einsicht in diese Notwendigkeit bezeugten die vorsichtige Gipfeldiplomatie der fünfziger Jahre, die Vereinbarungen über die Einschränkung der Raketenversuche in den sechziger Jahren und schließlich die Entspannungspolitik der siebziger Jahre mit ihrem Höhepunkt, dem Abkommen von Helsinki.

Was die Bemühungen im vereinbarten Einflußbereich anbelangt, beschränkten sich diese darauf, mit politischen, ökonomischen oder kulturellen Mitteln die andere Seite zu destabilisieren. Die Systemschwäche der kleinen mitteleuropäischen Staaten und die Reibungen zwischen ihnen (Ungarn und Rumänien) waren willkommen und wurden in der Propaganda reichlich ausgeschlachtet. Einen Zusammenbruch der letzteren wünschte jedoch kein westlicher Staatschef. Am ehrlichsten benahm sich in dieser Hinsicht Konrad Adenauer, der nach dem Generalvertrag und dem NATO-Beitritt vom Traum von der deutschen Einheit praktisch Abschied nahm.

Zweifelsohne bewegte die ungarische Tragödie die Öffentlichkeit des Kontinents tief. Es fanden Massenkundgebungen gegen die Invasion statt, zahlreiche Intellektuelle, keineswegs nur konservative, protestierten gegen den Einmarsch, Hilfskomitees entstanden, mehr als 200 000 Flüchtlinge wurden großzügig aufgenommen, und dies war keineswegs eine bloße Übernahme der offiziellen Slogans der Regierungen, sondern spontaner Ausdruck des Mitgefühls. Dennoch konnte Europa nicht viel mehr tun, ohne den eigenen Frieden aufs Spiel zu setzen.

Die Ära Kádár: Peitsche und Zuckerbrot

«Am Morgen des 9. Dezember 1956 küßte ich meine Mutter – meine Frau war mit den Kindern bei der ihrigen – und versprach ihr, zum Mittagessen rechtzeitig nach Hause zu kommen. Mein Versprechen löste ich erst mit einiger Verspätung ein: am 19. August 1960, allerdings schon in den Vormittagsstunden.» Was zwischen den zwei Kalenderdaten steht, waren die Gefängnisjahre von István Eörsi, einem jener jungen Kommunisten, die, von Schuldgefühlen und kritischem Sinn getrieben, an der geistigen Vorbereitung des Volksaufstandes beteiligt waren. Ursprünglich lautete sein Urteil auf acht Jahre, wurde jedoch aufgrund einer Amnestie verkürzt.

Der Autor Eörsi war einer von den 35 000 Menschen, gegen die bereits in den ersten Tagen nach Kádárs Machtantritt trotz der versprochenen Straffreiheit Gerichtsverfahren eingeleitet wurden. Daß von ihnen lediglich 22 000 tatsächlich in die Zelle kamen, hing teilweise mit der Überbelastung der Strafvollzugsanstalten zusammen. Ähnlich erklärt sich die Einrichtung von Internierungslagern für ungefähr 13 000 Personen, die ohne Urteil verhaftet wurden. Wofür es jedoch keine Erklärung gibt, das sind die 350 Hinrichtungen. Das berühmteste Opfer war der ehemalige Ministerpräsident Imre Nagy, den man samt seiner Anhänger mit dem Versprechen freien Geleits aus der jugoslawischen Botschaft gelockt hatte und nach einer von den Sowjets durchgeführten Deportation in Rumänien nach einem Geheimprozeß im Juni 1958 gehängt und namenlos in der Parzelle 301 des Kerepes-Friedhof verscharrt hatte. Es starben jedoch auch Arbeiter, Bauern, Intellektuelle und nicht zuletzt der minderjährige Fachschüler Péter Mansfeld, bei dem das Todesurteil allerdings erst nach der Erfüllung seines 18. Geburtstags vollstreckt wurde. Entlassungen aus dem Betrieb, Berufs- und Publikationsverbote, Ignorieren der langjährigen Haftzeit beim Rentenanspruch zwanzig Jahre später zählten eigentlich gar nicht als Strafe. Geschwiegen wurde auch über das Leid der Familienangehörigen, dessen erschütternde Dokumente erst nach 1988 allmählich an die Öffentlichkeit gelangten. So versuchte die Ehefrau von Tibor Déry, dem bedeutendsten Prosaisten des Landes, direkt das Herz des sowjetischen Parteiführers zu erweichen: «Mein Gatte (…) ist ein 66jähriger schwerkranker Mann. Ich weiß nicht, wie schwerwiegend die von ihm begangenen Fehler sind, aber er war vierzig Jahre lang Mitglied der Partei (…). Ich garantiere mit meinem Ehrenwort: Wenn er nach Hause kommt, wird er in seinem ganzen noch verbleibenden Leben durch Arbeit seine Treue gegenüber der Sache des Kommunismus beweisen! Genosse Chrustschow, wenn Sie es gerade für möglich halten, ich bitte Sie, dem Genossen Kádár ein paar gute Worte zu sagen, damit mein Mann nicht als Feind im Gefängnis sterben muß!»

Bei aller Unmenschlichkeit des Terrors der späten fünfziger Jahre wurde dieser von einer kommunistischen Regierung durchgeführt, die als einzige den Machtverlust als Erfahrung kennengelernt hatte. Sie konnte kaum ernsthaft glauben, daß Unterdrückungsmaßnahmen, Brachialgewalt und massenhafte Bespitzelung eine dauerhafte Stabilität, die nicht nur auf sowjetischen Bajonetten ruhte, garantierten. So löste sie im Frühjahr 1957 vor allem die Schlangen vor den Lebensmittelläden auf, indem sie die Versorgung mit dem Wichtigsten –

nicht zuletzt mit westlicher Hilfe – verbessert hatte. Die ver-
haßte Staatssicherheit ÁVH wurde nicht wieder neu gegründet, sondern diskret dem Innenministerium einverleibt. Bei
der Kollektivierung setzte man neben Druck soziale Vorteile
wie Rentenversicherung und Zulassung von kleinen Garten-
wirtschaften ein.

Auch in der Kultur versuchte man relativ früh Neuerungen
einzuführen. Im Sommer 1957, zur Zeit der großen Internie-
rungswelle, besuchte Josephine Baker ihre ungarischen Fans;
ein Jahr später, in den Tagen nach der Hinrichtung Imre Nagys,
feierte das Budapester Publikum den Sänger Yves Montand. Und
während Déry in seiner Zelle an einem Roman arbeitete, von
dem er kaum annehmen konnte, ihn zu Lebzeiten gedruckt
lesen zu können, erschien François Sagans *Bonjour Tristesse* in
Massenauflage. Die rebellische Jugend versuchte man zu be-
schwichtigen, indem die Tanzschulen neben dem traditionellen Tschardasch und Tango auch die früher verdammten
Boogie-Woogie und Cha-cha-cha in ihr Programm aufnah-
men. Nur mit dem Rock 'n' Roll haperte es noch eine Weile.

Dies war eine bewußte Politik, deren Erfolg einerseits die
Bevölkerung beruhigen sollte, die immer noch eine Wiederkehr der Ära Rákosi befürchtete, andererseits ging es um die
Überzeugung Moskaus, daß sein Kandidat Kádár eine derartige Restauration überflüssig macht. In der Tat konnte man
sich sehr schnell meßbarer Erfolge rühmen: Die «Stoßtruppe
der Arbeiterklasse», die jetzt «Ungarische Sozialistische Arbeiterpartei» (MSZMP) hieß und zu Beginn 35 000 Mitglieder
zählte, erreichte Ende 1957 die Mitgliederzahl von 400 000. Der
Kommunistische Jugendverband steuerte im Jahr 1960 auf
eine halbe Million zu. Wie viele davon Wendehälse und Kar-
rieristen waren, sei dahingestellt. Wichtig war das Ergebnis,
wie etwa bei der Kollektivierung von 80 Prozent bis Ende
1960. Der sowjetische Patron war bei seinen häufigen Ungarn-
besuchen mehr als zufrieden.

Die sechziger Jahre

Ende 1961 wählte die Nationalversammlung – einstimmig wie immer – den katholischen «Friedenspfarrer» Miklós Berecztóczy zum Vizepräsidenten. Offensichtlich fühlten sich manche Betonköpfe der Partei dadurch beunruhigt – sie befürchteten eine wachsende Zahl von Kirchenbesuchern. Jedenfalls beschwichtigte sie Kádár während einer Sitzung des ZK folgendermaßen: «Ich sage offen: darin, daß während der Parlamentssitzung die Glocke einige Stunden lang in der Hand eines Pfarrers liegt, sehe ich keine Gefahr für die Diktatur des Proletariats.»

Außer dieser präzisen Umschreibung sämtlicher Machtbefugnisse des Vizepräsidenten sagte er jedoch auch, weswegen er das Thema überhaupt erwähnt hatte: «Die westlichen Publizisten sagen nun: Die von Kádár sind schlau, sie wollen alle betrügen. Wenn nämlich die von Rákosi seinerzeit sagten: wer nicht mit ihnen ist, der ist gegen sie, dann sagen nun Kádárs Leute: wer nicht gegen sie ist, ist für sie. Solche unsere Fehler erwähnen in der letzten Zeit die westlichen Journalisten. Nun, wir reagieren darauf ruhig. Jawohl, wir sind der Meinung: wer nicht gegen die Volksrepublik Ungarn ist, ist für sie; wer nicht gegen die USAP ist, ist für sie; wer nicht gegen die Volksfront ist, ist für sie.»

Obwohl Kádár nie ein Mann der politischen Theorie und, wie wir sehen, auch keiner der exakten Formulierungen war, verwandelten sich seine Sätze in folkloristisch verkürzter Form zur Doktrin: «Wer nicht gegen uns ist, ist mit uns.» Der Slogan galt als Zeichen der Versöhnung gegenüber der Gesellschaft. Zuerst wurde das Kleinbürgertum – was immer man darunter verstand – zum Verbündeten beim Aufbau des Sozialismus erklärt, dann schaffte man im August 1962 – zumindest offiziell – die Benachteiligung der Kinder der ehemaligen Vorkriegselite beim Hochschulzugang ab. Ebenfalls ein Beitrag zur Beruhigung der Öffentlichkeit war der gleichzeitige Parteiausschluß von Rákosi und seines engeren Umfelds sowie die erneute Untersuchung der Schauprozesse, welche die Rehabilitierung auch von Sozialdemokraten ermöglichte. Bald darauf begann der Staat seine Beziehungen zur ungarischen katholischen Kirche und zum Vatikan zu verbessern (1964), wobei das Haupthindernis die für alle Beteiligten allmählich unbequem werdende Person des Kardinals Mindszenty bildete.

Als Nikita Chruschtschow im Sommer 1964 bei einem Ungarnbesuch in einer Rede – vielleicht aufgrund kulinarischer Genüsse – seine Ansicht zum Ausdruck brachte, der Kommunismus solle den Leuten nicht nur eine Zukunftsvision, sondern auch «Gulasch» anbieten, begannen daraufhin die von Kádár erwähnten Westjournalisten den Begriff «Gulaschkommunismus» zu lancieren. In ähnlicher Weise wurde der Volksscherz, nach dem Ungarn «die lustigste Baracke im Lager» sei, zum Gemeinschatz internationaler Medien. Das verbesserte Image der Volksrepublik begann Früchte zu tragen. Zuerst wurde die «ungarische Frage» von der Tagesordnung der UNO-Vollversammlungen genommen. Später verzichtete der Sender Freies Europa darauf, seine nunmehr ungestörten Sendungen als «Stimme des freien Ungarn» anzukündigen.

All diese angenehmen atmosphärischen Veränderungen bedeuteten nicht, daß der «Klassenstandpunkt» seine Gültigkeit verloren hätte. Die Publikationsmöglichkeit aus der Haft entlassener Autoren und der beginnende Triumphzug der ungarischen Filmkunst ging nicht ohne Zensur ab. Auch wurden ehemalige Teilnehmer des Volksaufstands immer wieder Schikanen ausgesetzt, Lehrer, Pfarrer und Oppositionelle vor allem im studentischen Milieu schonungslos gejagt. Das Hauptproblem der Konsolidierung bestand jedoch darin, daß sie allzu stark an Moskaus politische und wirtschaftliche Hilfe gebunden war. Als dann im Oktober 1964 Kádárs Mentor und Jagdfreund Nikita Chruschtschow gestürzt wurde und die USAP-Führung mit einem Zeichen der Unzufriedenheit auf die Palastrevolution reagierte, zeigte sich sogleich, wie gebrechlich die Position des «proletarischen Liberalismus» (ein Ausdruck des Schriftstellers Ferenc Sántha) an der Donau war.

Was die Seelen damals wirklich beherrschte, war der neue Konsumgeist, und zwar in der bereits erwähnten kulinarischen Hinsicht. Im Jahre 1967 erhöhte sich der Fleischverbrauch auf 39,4 Kilogramm pro Kopf der Bevölkerung (1950: 25,9). Die Ungarn aßen in diesem Jahr durchschnittlich 202 Eier (1950: 85 Stück), was selbst auf Omeletts umgerechnet keinen schlechten Eindruck macht. Der Bierverbrauch war sechsmal höher als in den düsteren Jahren von Rákosi, während das Trinken des Gebrannten, unter denen der Weinbrand «Kettenbrücke» der Renner war, auf mehr als das Doppelte stieg.

Über jeden Verdacht erhaben war der regelrechte Kaffeekult. Während auf den Bürger der Volksrepublik, der sich 1950 glücklicherweise auf freiem Fuß befand, jährlich 5,5 Kilogramm Bohnenkaffee entfielen, schlürften die Glücklichen der Ära Kádár 103 Kilogramm dieses Genußmittels, zudem in unterschiedlichen Qualitäten wie «Omnia», «Café do Brasil» oder den entzückend exklusiven «Goldenen Mokka».

Die geistige Ernährungsbedingungen folgten den leiblichen. Von 1000 Ungarn hatten 114 einen Schwarzweiß-Fernseher mit der damals üblichen «Sendepause» am Montag. Damit erreichte das Land keineswegs die Spitzenposition der USA (376), blieb selbst hinter der DDR (230) und der ČSSR (181) zurück, überholte jedoch die Sowjetunion (96), Polen (92), Bulgarien (50) Jugoslawien (51) und sogar aus dem Gegenlager Francos Spanien (73). Aber die Leute sahen fern und machten sich dabei ihre Gedanken.

Der «neue Wirtschaftsmechanismus»

Die Grundidee des behutsam so formulierten Projekts bestand darin, die Leistungsfähigkeit der heimischen Wirtschaft und des Außenhandels so zu steigern, daß sie nicht mehr einseitig von den sowjetischen Rohstofflieferungen und Aufträgen abhing. Während der vier Jahre dauernden Vorbereitungen, an denen die besten wissenschaftlichen Kräfte des Landes beteiligt waren, stellte sich heraus, daß es in der Partei keinen Konsens über die Maßstäbe für die ab 1. Januar 1968 vorgesehenen Änderungen gab. Die mutigste Vision vertrat das Politbüromitglied Rezső Nyers, dessen Ratgeber, der Professor József Bognár, eine für die damalige Zeit äußerst radikale Version empfahl: «Wenn die Preise durchgängig den Wert ausdrücken und dadurch das Geld zum allgemeinen Äquivalent wird, können die Unternehmen ihre Produktion entsprechend der Marktnachfrage gestalten. In bezug auf die Außenhandelstätigkeit (Aus- und Einfuhr) muß angestrebt werden, daß wir die nüchternen Wertverhältnisse des Weltmarkts in die Binnenwirtschaft einführen.» Als Minimum sah dieses Konzept die Freigabe der Preise in einem Lande vor, wo selbst das Wort «Preiserhöhung» absolutes Tabu war.

Die Gegenseite operierte mit sozialen Argumenten. Der Chef der Einheitsgewerkschaft Sándor Gáspár mahnte auf dem Parteitag 1966: «Die Partei, die Regierung und die Gewerkschaften sind verpflichtet, dafür zu sorgen, daß die Preisänderungen unsere Zielsetzungen in bezug auf die systematische Steigerung des Lebensniveaus der Werktätigen in keinerlei Weise verändern», was praktisch einem Einfrieren der Reform noch vor deren Einführung gleichkam. Als ebenso heikel erwies sich das Tabu der Vollbeschäftigung. Der gemäßigte Reformer Jenő Fock gab sich lavierend: «Es gibt in den Betrieben tatsächlich viele entbehrliche Werktätige, die man anderswo produktiver beschäftigen könnte. (...) Die Umgruppierung der entbehrlichen Arbeitskräfte muß mit weitgehender Humanität und unter Berücksichtigung der Interessen vorgenommen werden.» Und er schloß seine Rede mit der rätselhaften Phrase: «Die Vollbeschäftigung muß richtig verstanden werden.»

Selbst die optimistischen Redner zeugten von Unsicherheit. «Machen wir das Dorfleben noch attraktiver!» forderte ein Delegierter aus Südungarn. Hinter der munteren Losung steckte die traurige Wahrheit, daß in den vorangegangenen fünf Jahren mehr als 200 000 Menschen aus der Landwirtschaft in die Industrie abgewandert waren.

Das absolute Sakrileg waren jedoch die Eigenständigkeit der Betriebe im Außenhandel und die Übernahme der Weltmarktpreise, praktisch die Konvertierung der Währung. Dies bedeutete eine Westorientierung der Wirtschaft und damit auch der Gesellschaft. Und da die Regierung 1967 bereits eine Handelsvertretung der Bundesrepublik in Budapest genehmigte, war es kein Wunder, daß Erich Mielkes «Aufklärer» von Budapest aus eine bevorstehende Restauration des Kapitalismus nach Ostberlin meldeten.

Zudem begann im Nachbarland Tschechoslowakei ein Vorgang, den man nach dem dortigen jährlichen internationalen Musikfestival «Prager Frühling» nannte. Die Einführung eines demokratischen Modells des Sozialismus erwies sich jedoch als komplizierter als die gleichzeitige erste Herztransplantation des südafrikanischen Arztes Dr. Barnard. Der Organismus – der Warschauer Vertrag – wollte kein fremdes Herz aufnehmen. Bereits Ende März gab es Gerüchte über eine Invasion, erneute Versuche, die KP-Führung um Aleksander Dubček einzuschüchtern. Kádár versuchte die «Bruderhilfe» zu verzögern, er befürchtete fatale Folgen. Vor allem aber wollte er seine Reform retten. Schließlich lenkte er ein, als Leonid Breschnew ihn beschwor: «Ich bitte Dich, János, schickt nur eine winzige Einheit, und ihr bekommt alles, was ihr braucht!»

Was die Ungarn tatsächlich bekamen, war das Gegenteil der Zusage. Moskau zwang Budapest, den «neuen Mechanismus» abzuwürgen, nachdem zu dessen Realisierung bereits Milliardenkredite aus dem Westen aufgenommen worden waren.

Die Krise

Ähnlich wie Polen hatte Ungarn Anfang der siebziger Jahre zu vernachlässigende Auslandsschulden, die auch unter gleichrangigen kapitalistischen Partnerstaaten entstehen. Allerdings machten diese zehn Jahre später neun Milliarden US-Dollar aus. Das Phänomen der Verschuldung betraf mehr oder weniger alle kleinen Ostblockstaaten und wurde durch die Explosion der Erdölpreise ausgelöst, die wiederum eine Folgeerscheinung des zweiten Nahostkriegs war. Die Sowjetunion war außerstande, ihre sozialistischen Partner bevorzugt zu behandeln, da ihre technisch rückständige Wirtschaft durch die enorme Rüstung und weltweite Verpflichtungen (Angola, Kuba und schließlich Afghanistan) voll ausgelastet war. Gleichzeitig schuf die «Stagnation» von Breschnews System keine Bedingungen, um die Reformversuche neu zu beleben.

Die westlichen Großbanken, besonders die deutschen nach der Aufnahme der diplomatischen Beziehungen (1972), reagierten auf das ungarische Anliegen euphorisch und gewährten zunächst uneingeschränkt ihre Kredite. Diese wurden gemäß dem bürokratischen Modell zur Sanierung maroder Großbetriebe, verfehlter Industrieprojekte und vor allem zur Aufrechterhaltung des Lebensniveaus verwendet. Eines der wenigen rationalen Tabus war damit gebrochen: «Wir können nur das verbrauchen, was wir produziert haben.»

Darauf folgten die anderen Tabus: radikale Preiserhöhungen, selbständiger Außenhandel der Großbetriebe, bevorzugte Produktion von Waren zum Westexport, Zulassung privater Kleinunternehmen, praktisches Legalisieren der früher strafrechtlich verfolgten «zweiten Ökonomie» (Schattenwirtschaft), Gründung kleiner Geschäfte und Restaurants und schließlich – 1982 – ein Schritt, der früher kaum denkbar gewesen wäre: der Beitritt des Landes zum Internationalen Währungsfonds.

Die engen ökonomischen Bindungen an den Westen führten beinahe automatisch zu einem gegenseitigen Tourismus in Millionengröße. Nach der KSZE-Konferenz von Helsinki wurde das Recht auf freie Reise gesetzlich verankert (1976), auch wenn Tausende von Anträgen – meistens aus politischen Gründen – nach wie vor mit dem lakonischen Satz abgelehnt wurden: «Ihre Ausreise verstößt gegen die gemeinschaftlichen Interessen.» Zwei Probleme dieses freien Fremdenverkehrs zeigten sich sofort: vor allem für westliche Einreisende die schwache Infrastruktur des Landes, für ungarische Touristen die beschränkten Währungsvorräte der Nationalbank (jedes dritte Jahr durfte man pro Person ungefähr 200 Dollar kaufen), was viele zum Schwarzhandel zwang. Neu an dieser Bewegung waren allerdings die massenhaften Besuche von ehemaligen Flüchtlingen von 1956 aus dem Exil.

All die von der Realität erzwungenen Reformen hatten das gemeinsame Problem, daß sie, selbst als offen darüber diskutiert wurde, noch zu keinem einheitlichen Programm werden konnten. Dasselbe betraf so wichtige Sorgen des Landes wie die Armut, die Ausgrenzung der Roma, den Alkoholismus, die Kriminalität, die Lage der ungarischen Minderheit in den Nachbarstaaten und schließlich das Aufarbeiten der heiklen Themen der eigenen Geschichte. Genauer gesagt: Über diese Fragen wurde immer schon gesprochen, aber rein privat, unverbindlich, unterschwellig. Eine der Ursachen der Krise lag somit in der nur latenten Behandlung der Probleme.

So wußten zum Beispiel viele, daß Ungarn im Sommer 1982, als einige Staaten ihr bei der Nationalbank deponiertes Kapital abgezogen hatten, am Rande der Zahlungsunfähigkeit stand. In den Zeitungen von damals finden wir keine Zeile über diesen Sachverhalt. Anderthalb Jahre später eröffnete ein hoher Funktionär in einem Interview plötzlich die Wahrheit: «Damals befand sich unsere Wirtschaft im Zustand des klinischen Todes.» Woraufhin der Journalist kopfschüttelnd reagierte: «Verdammt! Was Sie nicht sagen!» Kein Wunder, daß jemand, der sich zu dieser Zeit nach authentischen Informationen sehnte, die ungarischen Sendungen ausländischer Radios hörte, westliche Zeitungen las (die in den achtziger Jahren bereits leicht zugänglich waren) oder in den Publikationen der «zweiten Öffentlichkeit», der demokratischen Opposition, stöberte.

Dissidenten und Reformer

Die 34 Unterzeichner einer Solidaritätsadresse für die tschechische «Charta 77» am Vorabend des Prozesses gegen Vaclav Havel und seine Mitangeklagten konstituierten die demokratische Opposition. Sie waren isoliert, wurden vom System zunächst kaum wahrgenommen und von der Intelligenz mehrheitlich als Spielverderber betrachtet. Zwei Jahre später sammelten sie zu einem ähnlichen Anlaß bereits 250 Unterschriften, was von einem Umschwung im intellektuellen Milieu zeugte. An ihren «Montagsuniversitäten» versuchten sie historische, ökonomische und kulturelle Themen zu analysieren, die in den offiziellen Hochschulen nicht oder nur zensiert behandelt wurden. Ihre schlecht gedruckte Zeitschrift *Beszélő* (Sprecher) erreichte nach 1981 einige tausend Leser, und ihre sozialpolitische Gruppe *Szeta* (Fonds zur Unterstützung der Armen) gewann relativ breite Kreise der geistigen Elite. Sie stellten vor allem Menschenrechtsforderungen und waren stark mitteleuropäisch orientiert (unter anderem pflegten sie Beziehungen zur tschechoslowakischen, polnischen und zur DDR-Opposition).

Eine andere Strömung bildeten die «volkstümlichen» Schriftsteller, eine Gruppe am Rande der staatlich erlaubten Kultur, deren wichtigstes Thema die ungarische Identität, die sprachliche und politische Unterdrückung der nationalen Minderheit, besonders in Ceaucescus Rumänien, war. Sie betonten eine stärkere Verantwortung der Parteiführung für das Schicksal der außerhalb des Landes lebenden Millionen Ungarn, und auch sie hatten Differenzen mit den offiziellen Kreisen, wenn es um die Beurteilung der neuesten Geschichte und vor allem des Volksaufstands von 1956 ging. Die Beziehung der Parteiführung zu dieser Gruppe war zwiespältig. Mal belegten sie ihre Vertreter mit gelegentlichem Publikationsverbot, mal behandelten sie sie als Verhandlungspartner. Offensichtlich hatte die USAP mehr Angst davor, als «ungenügend ungarisch» denn als «wenig demokratisch» angesehen zu werden.

Die dritte wichtige Strömung vertraten die sogenannten «Reformökonomen», die eine offene und radikalere Version des gescheiterten Versuchs von 1968 forderten. In ihrer Studie *Wende und Reform* (1986), weswegen die vier Autoren aus der Partei ausgeschlossen wurden, verlangten sie eine Anpassung an die Bedingungen der Marktwirtschaft und einen Rückzug der Partei aus der Ökonomie überhaupt, was zwar der Realität zunehmend entsprach, dennoch am Dogma der «führenden Rolle» rüttelte. Das Adjektiv «sogenannte» benütze ich nur, weil hinter dieser Strömung ein wachsender Teil der Parteiöffentlichkeit stand, der besonders unter dem Eindruck von Gorbatschows «Perestroika» einen Wechsel von allgemeiner Tragweite forderte. An der Spitze dieser Bewegung stand der frühere Kulturminister und 1982 zum Vorsitzenden der Volksfront degradierte Funktionär Imre Pozsgay.

Sein vor allem durch die polnische Krise 1980/81 ausge-
löster Denkprozeß führte zu der Konsequenz, daß sich die
sozialistische Macht neu legitimieren sollte. Die zu Fassaden
gewordenen Organisationen (die Volksfront, die Gewerkschaften, die Berufsverbände) müßten durch die Initiative zu
echtem Leben galvanisiert werden, und selbst der Sozialismus
brauche statt des bisherigen Befehlssystems einen Konsens, in
dem auch Gruppeninteressen sich repräsentiert fühlen. Pozsgay dachte noch – wie fast alle damals – an die Beibehaltung
der staatlichen Strukturen, wollte jedoch das Wahlsystem mo-
dernisieren, indem jede einzelne Kandidatur akzeptiert werden sollte. Die ersten Versuche zeigten wenig Ermunterndes:
Die von der demokratischen Opposition aufgestellten Kandidaten bei den Parlamentswahlen 1985 fielen durch Manipula-
tion und offene Obstruktion eines ausgewählten Publikums
durch. Daß so etwas auch einmal «rein demokratisch» möglich sein würde, daran dachte kaum jemand.

Die Agonie

Am 22. Mai 1988 trennte sich János Kádár nach 32 Jahren unge-
teilter Herrschaft von seinem Posten als Generalsekretär der
USAP. Seine gleichzeitige Ernennung zum Ehrenvorsitzen-
den tröstete ihn ebensowenig wie der vorangegangene Tele-
fonanruf von Gorbatschow, in dem der sowjetische Parteichef
– der eigentliche Initiator der Wachablösung – ihm versichert
hatte: «Ich verstehe, daß Ihnen Ihre Entscheidung nicht leicht-
fiel. Wahrscheinlich kam sie nach schweren Überlegungen zustande. Diese Tatsache zeugt von der politischen Weisheit von
Ungarns Führer, meines Freundes, János Kádár. Hauptsache,
daß dabei die Interessen des Landes und der Partei berücksich-
tigt wurden. Ich sage ehrlich, daß ich keine andere Entscheidung erwartete. Ich war davon überzeugt, daß dieser Schritt

getan wird, wenn die Situation reif ist und ihn notwendig macht.» Kádár antwortete trocken: «Ich habe lange überlegt.»

Er hatte auch reichlich Grund dazu. Keinem seiner potentiellen Nachfolger traute er die Zukunft des Sozialismus zu, und der vorläufige Sieger des inneren Machtkampfes um die Nachfolge, Ministerpräsident Károly Grósz, verletzte ihn sogar persönlich, als er einige Tage vor dem Plenum in einem Interview nach Würdigung seiner Verdienste hinzufügte: «Die Biologie hat das ihrige getan.»

Das Land war wirtschaftlich zerrüttet, politisch unkontrollierbar. Es entstanden oppositionelle Organisationen, ja, Parteien. Die Debatte über die Vergangenheit wurde ohne Zensur geführt, und bald erwähnte man Kádárs Namen zusammen mit den zwei historischen Gestalten, an deren Tod er mitgewirkt hatte: László Rajk, den er 1949 in seiner Folterzelle aufsuchte, und Imre Nagy, den er wortbrüchig vor das Todesgericht stellen ließ. Er begann an einer seltsamen Krankheit zu leiden: Der Zeigefinger an der rechten Hand war gelähmt. Solange sein Geist noch frisch blieb, versuchte er in einigen Interviews eine Bilanz zu ziehen. Die Fragen waren taktvoll und die Antworten knapp, oft nichtssagend. Ehrlich zeigte er sich erst am 12. April 1989, als er – ein verstörter Greis – unangemeldet auf der Sitzung des ZK erschien und eine geradezu surrealistische Rede hielt: «Ich bitte um Nachsicht, weil ich mich zu Wort melde, und ich werde auch länger reden als gewöhnlich. (…) Ich habe eine Bitte. Noch. Mein Problem ist, daß ich vergeßlich bin, manchmal weiß ich, was ich will, aber ich nehme ständig ab. (…) Was ist meine Verantwortung? Das, womit ich nicht nützlich war. (…) Ich habe mein Leben lang frei gesprochen, und wenn ich wichtige Briefe schrieb, dafür gibt es Zeugen, dann schrieb ich sie selbst. Ich bin zwar ein primitiver Mensch, denn ich habe nur vier Klassen Grundschule und vier Klassen Mittelschule gemacht (…), aber die Schulen waren damals besser, das Kind konnte schreiben und lesen lernen, nicht immer die ewigen Reformen, jedes Jahr ein neues System, und so weiter. (…) Und mir ist es egal, was sie mir sagen, meinetwegen kann mich jeder erschießen, denn ich war mir immer dieser Verantwortung bewußt, daß ich niemanden namentlich nennen werde (…) und ich bitte um viel Wasser, denn ich bin nervös.»

Wenn wir diese verwirrten Äußerungen mit denen eines Erich Honecker oder eines Todor Schiwkow vergleichen, wird doch erkennbar, daß Kádár ein anderes persönliches Format hatte. Nun wurde er auch vom seinem Amt als Ehrenvorsitzender befreit und starb am 6. Juli 1989 in seiner Villa. Zehntausende defilierten an seinem in der Parteizentrale aufgebahrten Leichnam vorbei.

Allerdings mußte er selbst noch eine andere Beerdigung erleben. Imre Nagy und seine Kampfgefährten erhielten die letzte Ehre, indem sie feierlich in der Parzelle 301 bestattet wurden. Die Massenversammlung davor fand am Jahrestag der Hinrichtung, am 16. Juni, auf dem Heldenplatz statt, mit 200 000 Teilnehmern. Während jedoch Kádárs Trauergemeinde die Vergangenheit vertrat, repräsentierten Nagys Anhänger bereits den zukünftigen Systemwechsel, die Zukunft einer Demokratie, in der sein Märtyrer ebenso wie der gescheiterte Volksaufstand, den er nicht wollte und dessentwegen er doch sterben mußte – Paradox der Geschichte –, eher in der Vergessenheit zu versinken scheint.

Der Systemwechsel

So nennen die Politiker die ungarische Wende. Historiker sprechen von einer «Verhandlungsrevolution», da im Juni 1989 die Gespräche am Runden Tisch zwischen der führenden Partei und den Oppositionsgruppen einen friedlichen Übergang vorgesehen hatten. Übergang wozu? Die Reformkräfte der KP sprachen lediglich von einem «Modellwechsel» oder «sozialistischen Pluralismus» und hofften darauf, als stärkste Partei aus den ebenfalls in Aussicht gestellten freien Wahlen hervorzugehen – nicht ganz unbegründet. Nur einige Hellsichtige waren sich der Tragweite der bevorstehenden Veränderungen bewußt. Unter ihnen der Rechtswissenschaftler Kálmán Kulcsár, der auf die Journalistenfrage, was in der damals vorbereiten neuen Verfassung von der alten (1949) erhalten bleibe, die knappe Antwort gab: «Die Hauptstadt des Landes ist Budapest.»

Die Opposition (vorerst hießen sie offiziell «neue Organisationen») war klein, mittellos und vom ersten Augenblick an untereinander zerstritten. Der von der demokratischen Opposition illegal veröffentlichte *Soziale Vertrag* (Juni 1987) strebte trotz seiner gewagten Forderung «Kádár muß gehen!» nach einem allmählichen Übergang zur Demokratie. Das im Oktober 1987 von der «volkstümlichen» Intelligenz unter der Obhut von Pozsgay gegründete Ungarische Demokratische Forum (MDF) verstand sich als ein Bindeglied zwischen der Staatspartei und der Opposition. Den Sozialismus, zumindest als Rahmen, stellte niemand in Frage, und wenn von «Marktwirtschaft» die Rede war, dann nie ohne das höfliche Beiwort «soziale». Und dafür gab es gute Gründe.

Im Frühjahr 1988 erschien in Massenauflage eine Broschüre, die einem einzigen Thema gewidmet war. Der Titel lautete: *Was müssen wir über Arbeitslosigkeit wissen?* Einige Unterkapitel hießen: «Wer ist arbeitslos? Was ist Arbeitslosigkeit? Gibt es in Ungarn Arbeitslosigkeit? Brauchen wir Arbeitslosigkeit? Wird es in unserem Land Arbeitslosigkeit geben?» Die Spuren des altbewährten amtlichen Optimismus tauchten noch immer als Floskel der Krisenpublizistik auf. «Unser Ziel ist die Verlängerung der Beschleunigung der Verschlechterung», erklärte ein Minister. Ein anderer Satz wurde sogar, allerdings ironisch zitiert, zum geflügelten Wort: «Die Stimmung ist schlechter als die Lage.»

Im Gegenteil: Die Stimmung des Jahres 1988 war von der Einführung des sogenannten «Weltpasses» geprägt, der seinen Besitzer ohne wiederholte Anträge jederzeit zur Überquerung der Grenze befähigte. Die Antwort war ein Boom des Einkaufstourismus in das drei Stunden von Budapest entfernte Wien. An einem einzigen Tag, dem 7. November 1988 – zum letzten Mal arbeitsfreier Tag der russischen Oktoberrevolution –, machten sich an die 100 000 Ungarn in Zügen, mit 560 Reisebussen und mit 20 000 Autos auf den Weg, um auf der Mariahilfer Straße Computer, Videos, Kleider oder wenigstens Parfum zu kaufen. Die Wiener mokierten sich über die «Magyarenhilfenstraße», obwohl diese dem österreichischen Handel Milliarden von Schillingen einbrachte. Schließlich steigerte sich die Stimmung der Bevölkerung noch, als die 1948 verstaatlichten Wohnungen von den Mietern erworben werden konnten – aus heutiger Sicht zu Spottpreisen.

Kundgebungen fanden bereits seit 1986 statt. Erinnerungen an neuralgische Punkte der ungarischen Geschichte wie den Jahrestag der Revolution 1848 oder den von 1956 wurden durch Polizeikräfte gewaltsam aufgelöst. Ein dominantes Thema war damals das von Ungarn und der ČSSR gemeinsam betriebene Projekt eines Wasserkraftwerks an der Donau – von vielen Experten als ökologisch schädlich abgelehnt; ein anderes der Plan zur «Dorfsystematisierung» von Nicolae Ceauşescu, der vor allem die ungarisch bewohnten Gebiete mit Auflösung oder Umsiedlung bedrohte. Ohnehin erreichten die Beziehungen der beiden Nachbarstaaten ihren Tiefpunkt, und ein erfolgloses Treffen zwischen dem rumänischen Diktator und Károly Grósz in Arad (August 1988) kostete letzteren seine Reputation. Öffentliche Proteste wurden zuerst in punkto Ökologie und Rumänien, später dann generell genehmigt.

Das Vereinsrecht führte zu einer Flut von politischen Neugründungen, in deren Namen immer öfter das Wort «Partei» zu finden war. Im April 1988 entstand der Bund Junger Demokraten (Fidesz), im November desselben Jahres der Bund Freier Demokraten (SZDSZ), außerdem die sogenannten «Nostalgieparteien», die sich wie die Sozialdemokraten oder die Kleinen Landwirte als Fortsetzung ihrer historischen Vorfahren verstanden. Kulturelle Vereine der Minderheiten (Roma, Deutsche, Rumänen, Slowaken) sowie eine Renaissance der konfessionellen und weltlichen Tradition ergänzten das Bild. Die Abschaffung der Zensur löste einen Boom von Büchern aus, die meist auf der Straße verkauft wurden. Auf den Tischläden lagen einerseits die Werke von Pasternak, Orwell, Solschenizyn, Havel oder Stefan Heyms *Fünf Tage im Juni*, nicht zuletzt aber auch György Konráds oder György Petris verbotene Früchte, Romane von Exilautoren wie Sándor Márai, andererseits Massenratgeberliteratur zur sexuellen Lustgewinnung über Horoskope bis zur Esoterik. Den inzwischen mehr als tausend Privatverlagen schlossen sich ungefähr 500 neue Zeitungen und Zeitschriften an – viele von ihnen überlebten allerdings die harten Bedingungen der neunziger Jahre nicht.

Die Dynamik der Ereignisse, vor allem das Ausbleiben der von vielen gefürchteten und manchen erhofften sowjetischen Intervention, eröffnete eine völlig neue Perspektive: die Integration Ungarns in die damalige Europäische Gemeinschaft. Das mühsame Zerschneiden des Drahtverhaus mit einer rostigen Schere an der österreichischen Grenze durch den Außenminister der letzten kommunistischen Regierung, Gyula Horn, sowie das Öffnen des Schlagbaums für die DDR-Flüchtlinge (11. September 1989) wiesen bereits in diese Richtung. Die Erwähnung des Kontinents in den Medien erreichte ein Ausmaß, das den Autor Péter Esterházy auf folgende Idee brachte: Jeder, der das Wort «Europa» in den Munde nimmt, solle automatisch einen Forint in die Staatskasse einzahlen (was angesichts des Schuldenberges und der beginnenden Rezession keine wirkliche Sanierung ergeben hätte). Die Erwartungen waren wohlgemeint, doch naiv. Von der Übernahme der europäischen Normen von Politik und Moral erwartete man einen durchschlagenden ökonomischen und sozialen Aufstieg – eine Demokratie mit allen Vorteilen, aber ohne die Nachteile der kapitalistischen Wirtschaftsordnung.

Mit der Ausrufung der Republik am 23. Oktober 1989, den ersten freien Wahlen im März / April 1990 und dem endgültigen Abzug der sowjetischen Truppen am 19. Juni 1991 stand Ungarn gleichzeitig am Ende einer alten und am Beginn einer neuen historischen Ära. Die Zeilen des sozialistischen Lyrikers Attila József (1905–1937) klangen geradezu prophetisch: «Die Neue Welt erwartet uns wie angstvolle Auswanderer.» Allein das Klopfen am Tor der EU dauerte jedoch dreizehn Jahre lang an.

Der verlorene Konsens

Die ersten freien Parlamentswahlen seit 1947 ähnelten einem Referendum, in dem die Bevölkerung das alte System ablehnte. Die «Parteien des Systemwechsels» erhielten gemeinsam die absolute Mehrheit der Mandate, sowohl national als auch auf der Ebene der Gemeinden. Hingegen schrumpfte die Anhängerschaft der zur Ungarischen Sozialistischen Partei (MSZP) gewendeten ehemaligen Staatspartei auf knapp elf Prozent. Wie rasant dieser Prozeß voranschritt, zeigte der freie Fall der Popularität des Reformers Imre Pozsgay, der gewissermaßen die «Karriere» von Michail Gorbatschow vorwegnahm.

Die wichtigsten Kräfte des politischen Lebens bildeten zu dieser Zeit das konservativ und national geprägte MDF, das den ersten Regierungschef, den Medizinhistoriker József Antall, stellte, sowie das liberale SZDSZ mit dem Philosophen

János Kis an der Spitze. Bald nach dem Ausklingen einer heftigen Wahlkampagne schlossen die beiden Großparteien einen Stabilitätspakt. Demgemäß wurde der Opposition eine konstruktive Rolle bei der Gestaltung der neuen Institutionen zugedacht. Gleichzeitig beschränkte man die Zahl der sogenannten Eckgesetze (diejenigen, die im Parlament eine Zweidrittelmehrheit benötigen) auf ungefähr 20. Diese Regelungen sollten das Regieren des Kabinetts Antall erleichtern. Schließlich einigte man sich auf die Person des vom Parlament zu wählenden Präsidenten der Republik, den Schriftsteller und das Vorstandsmitglied des Bundes Freier Demokraten Árpád Göncz.

Wie notwendig und sinnvoll ein derartiger Kompromiß auch sein mochte, in der Art, wie er zustande kam, steckte ein folgenschwerer, vielleicht vermeidbarer Fehler. Die Tatsache, daß andere Fraktionen wie die damals noch liberale Jugendpartei Fidesz oder die MSZP nicht in die geheimen Verhandlungen einbezogen wurden, erwies sich als Zündschnur bis heute fortdauernder politischer Konflikte. Allerdings sind die Widersacher von einst mittlerweile weitgehend von der politischen Bühne verschwunden, während die damals als nicht salonfähige Partner erachteten kleinen Parteien das politische Geschehen im Lande inzwischen weitgehend bestimmen.

Der Pakt selbst scheiterte bereits nach einigen Monaten, als Budapests Taxifahrer aus Protest gegen putschartig angekündigte Benzinpreiserhöhungen die Straßen der Hauptstadt tagelang blockierten und das Kabinett an den Rand des Zusammenbruchs brachten. Dieses war angesichts des gleichzeitigen Drucks der Opposition gezwungen, nachzugeben und den Akt zivilen Ungehorsams unbestraft über sich ergehen zu lassen. Die Dramatik jener Tage wurde noch durch die Direktübertragung im Fernsehen gesteigert. Premierminister Antall mahnte von seinem Krankenbett aus zur Ruhe, während sich Anhänger und Gegner der Demonstration vor dem Parlament

heftige Wortgefechte lieferten. Das Ergebnis – die Zurück-
nahme der Preiserhöhungen und eine «Amnestie» für die Taxifahrer – frustrierte die Regierungsseite vollständig, ohne die
Opposition wirklich zufriedengestellt zu haben.

Die Taxiblockade markierte den Beginn einer Art Stel-
lungskrieg in Ungarns politischem Leben. Die jeweiligen
Machtkoalitionen seit 1990 verfügten stets über eine sichere
Mehrheit, aber niemals über die Gewißheit, ihr Programm
ungehindert verwirklichen zu können. Die beiden Lager –
die von den Wählern inzwischen eindeutig als «links» und
«rechts» identifiziert werden – blockierten sich gegenseitig,
und ihr Kampf nahm immer stärker ideologische Züge
(«christlich-national» versus westorientiert-liberal) an. In diesem Spannungsfeld konnte sich in Ungarn der Rechtspopu-
lismus weit über seine zahlenmäßige Bedeutung hinaus eine
Medienpräsenz verschaffen und für eine Wahlperiode sogar
als Parlamentsfraktion behaupten. Seine EU-feindliche, antisemitische und besonders gegenüber den Roma rassistische
Programmatik beeinflußte auch Politiker und Wählergruppen,
die sich ansonsten dem «gemäßigten» Spektrum zurechneten.

Ungarn im Umbruch

Im unaufhörlichen politischen Kampfgetöse der ausgehenden
neunziger Jahre, das mal als «Medienkrieg», mal als «Kultur-
kampf» oder gar «kalter Bürgerkrieg» bezeichnet wurde, gingen das Programm der europäischen Integration sowie der damit verbundene Umbau des ökonomischen Gefüges erstaunlich zügig vonstatten. 1990 wurde Ungarn in den Europarat
aufgenommen, 1991 kam der Brüsseler Vertrag über das Dreh-
buch des EU-Beitritts zustande. 1994 reichte die Regierung An-
tall/Boross den Aufnahmeantrag in die EU ein, 1997, unter der
Regierung von Gyula Horn, stimmten bei einem Referendum

85 % der Wähler für den Beitritt des Landes zur NATO. Dieser Wunsch ging bereits im März 1999 – zwei Wochen vor dem Kriegsausbruch in Jugoslawien – unter der Regierung von Viktor Orbán in Erfüllung. Schließlich wurde 2003 auch das Datum – 1. Mai 2004 – verkündet, an dem die Republik im ersten Kreis der Kandidaten Mitglied der Union werden kann. Die vierte frei gewählte Regierung des Sozialisten Péter Medgyessy ließ aus diesem Anlaß für drei Tage eine pompöse EU-Brücke an der Donau errichten, die Zehntausenden von Schaulustigen das Gefühl vermitteln sollte, das Land sei auf dem Kontinent angekommen.

Der innere Prozeß entsprach dem äußeren: Durch die Privatisierung des Bankwesens, der Industrie und der Landwirtschaft entstand in Ungarn eine moderne Marktökonomie, in der neben multinationalen und gemischten Firmen auch wettbewerbsfähige heimische Unternehmen funktionieren. Die internationalen Beziehungen der Republik sind breit gefächert, und die Bestrebungen, das schwierige Verhältnis zu den Nachbarstaaten mit ihrer insgesamt drei Millionen starken ungarischen Minderheit zu verbessern, tragen erste Früchte (entsprechende Abkommen mit der Ukraine, Rumänien und Slowakei). Auch kulturell erreichte das Land einige herausragende Erfolge. Deren vorläufigen Höhepunkt bildete 2002 die erstmalige Verleihung des Literaturnobelpreises an einen ungarischen Autor, an Imre Kertész.

Von außen kommende Beobachter können die tiefgreifenden Veränderungen unmittelbar am Straßenbild ablesen. Die Stadtzentren mit den zahllosen Bürohäusern, Geschäften, Hotels, Restaurants, mehrheitlich westlichen Autos, die Schaufenster mit Waren aus der ganzen Welt, die renovierten alten Viertel, die Orte der Jugendkultur – all dies zeugt von der pulsierenden Lebenskraft einer Gesellschaft, die mit ihren neuen Möglichkeiten durchaus etwas anfangen kann und für die nationale Identität in natürlicher Weise mit der europäischen

Zugehörigkeit verbunden ist. Trotzdem wäre es unangebracht, ja unredlich, die enormen Kosten der ungarischen Umwälzungen am Ende des 20. Jahrhunderts auszublenden.

Zwischen 1989 und 1992 wurden in Ungarn 30 % der Arbeitsplätze «abgewickelt», was eine Arbeitslosigkeit von 14 % nach sich zog. Den fast eine Million Erwerbslosen konnte man schwer erklären, daß der Zusammenbruch ihrer Existenz eine normale Begleiterscheinung der im Grunde günstigen Entwicklung in Richtung freie Marktwirtschaft sei. Zudem fühlten sich die Glücklichen, deren Job gerettet schien, weder sicher noch zufrieden. Eine galoppierende Inflation (1992: 23 %) lastete auf der Mehrheit der ohnehin armen Haushalte und machte den bescheidenen Wohlstand der siebziger und achtziger Jahre zunichte. Dabei stand das Land noch vor der eigentlichen Schocktherapie – ein restriktives «Paket» Mitte der neunziger Jahre führte zum zweiten Tiefpunkt der sozialen Entwicklung, obwohl die Ökonomen mehrheitlich der Meinung sind, daß diese Maßnahmen die Wirtschaft auf das Gleis des Wachstums gestellt haben.

Heute gehört das Land zu den Spitzenreitern der Reformstaaten. Die Zahl der offiziell gemeldeten Arbeitslosen beträgt 340 000 (5,9 %), gemessen an anderen EU-Kandidaten eine Bagatelle (Estland 8,3 %, Slowakei 17,7 % und Polen sogar 20,2 %). Ähnlich günstig gestaltete sich die Inflationsrate, die heute 4,3 % ausmacht, was sich im internationalen Vergleich durchaus sehen läßt. Das Wachstum von 3 % kann – wenn nichts dazwischenkommt – Beginn eines Trends werden. Um so bitterer ist die Tatsache, daß sich diese eindrucksvollen Zahlen nur ungenügend im sozialen Aufstieg von breiteren Schichten widerspiegeln. Vielmehr hinterließ unsere «Gründerzeit» eine chronische Armut, die 1,3 Millionen Menschen am Rande des Existenzminimums (2003: ca. 40 000 Forint = ca. 150 € pro Monat) dahinvegetieren läßt. Die Risikogruppen dieser Katastrophe sind vor allem Jugendliche, die soeben in die

Arbeitswelt eintreten, sowie Rentner und Großfamilien. Besorgniserregend sind der Zustand des Gesundheitswesens und, trotz diesbezüglicher Anstrengungen, die Situation der Schulen und der kulturellen Institutionen.

Was kann der Chronist am Abschluß seines Berichts einer Nation wünschen, der er angehört und die ihre Unabhängigkeit und innere Selbstbestimmung ausgerechnet in der Zeit errungen hat, da globale Kräfte den Spielraum einzelner Länder immer mehr einengen und die alten Konfrontationen durch neuere, vielleicht noch gefährlichere «ersetzt» werden?

Was Ungarn im 21. Jahrhundert am meisten braucht, ist eine reife Zivilgesellschaft, die der Versuchung widerstehen kann, soziale Fragen autoritär zu beantworten, Minderheiten im Ernstfall zu Sündenböcken abzustempeln und Offenbarungen einander befehdender Eliten für bare Münze zu nehmen. Das als Reflex der Geschichte vererbte tragische Pathos sollte allmählich jener ruhigen, ironischen Skepsis weichen, deren Aufstieg meine Generation in den sechziger und siebziger Jahren miterlebt hat. Den Politikern, die dieses Land in den nächsten Jahrzehnten regieren werden, kann man vielleicht als bestes Gut eine größere Einsicht wünschen, wohl wissend, daß diese vor allem mehr Phantasie voraussetzt.

Literatur (Auswahl)

In ungarischer Sprache:

Bihari, Péter: Németek. 2000 év Európában (Deutsche. 2000 Jahre in Europa). Budapest 2002.

Hanák, Péter (Hrsg.): Egy ezredév (Ein Jahrtausend). Budapest 1986.

Kristó, Gyula/Barta, János/Gergely, Jenő: Magyarország története előidőktől 200-ig (Ungarns Geschichte von den Vorzeiten bis zum Jahr 2000). Budapest 2002.

Romsics, Ignác: Magyarország története a XX. században (Ungarns Geschichte im 20. Jahrhundert). Budapest 1999.

In deutscher Sprache:

Aczél, Tamás-Méray, Tibor: Die Revolte des Intellekts. Die geistigen Grundlagen der ungarischen Revolution. München 1961.

Bibó, István: Zur Judenfrage. Am Beispiel Ungarns nach 1944. Frankfurt/M. 1990.

Fischer, Holger (unter Mitarbeit von Konrad Gündisch): Eine kleine Geschichte Ungarns. Frankfurt/M. 1999.

Horváth, Zoltán: Die ungarische Jahrhundertwende. Neuwied 1966.

Kurtán, Sándor/Liebhart, Karin/Pribersky, Andreas: Ungarn. München 1999.

Lendvai, Paul: Die Ungarn. Ein Jahrtausend. Sieger in Niederlagen. München 1999.

Litván, György/Bak, János: Die ungarische Revolution 1956. Reform – Aufstand – Vergeltung. Wien 2004.

Szűcs, Jenő: Die drei historischen Regionen Europas. Frankfurt/M. 1994.

Dramatis personae